発達障害の子に「ちゃんと伝わる」言葉がけ

日常生活の「できる」を増やす
伝え方のルール

佐々木正美

すばる舎

はじめに

最近、ヨーロッパで発行されている新聞の文化欄で、二度、自閉症の子どもに関する記事や論説を目にしました。それは英国とスウェーデンで発行された新聞でした。私はその二つの記事の共通点に、目と心を奪われました。近年、私自身が重視していることだったからです。

それは、自閉症・発達障害スペクトラムといわれる子どもたちに寄りそう人たちは保護者であれ、教育や療育の専門家であれ、発達障害という問題をもって生まれてきた子どもの特性（障害）を、決して治す（直す）べきものではないということです。治る（直る）という問題ではないのです。

そして、そういう特性をもって生まれてきた子どもたちが、その特性をもったまま健康で幸福に生きていくためには、周囲の人たちからの理解や支援が絶対に必要だということです。

だからこそ、近くで寄りそう人たちは、かかわり方が直接的であろうと間接的であろうと、発達障害の特性をしっかり理解していなければなりません。理解者に寄りそわれることで、情緒的に安定して、もって生まれた能力をしっかり表現しながら、毎日を幸福に生きていくことができるのです。

多くの場合、私たちは自分たちの思うことのほうをしっかり相手に伝えて、教育や療育に取り組もうとします。しかし、そういう思いが大きければ大きいほど、相手の思いを聞き入れることがおろそかになります。

そして、そういう行為が増えれば増えるほど、発達障害の子どもたちから、日々幸福に生きていく機会を奪ってしまうことになります。

発達障害の子どもたちは、相手が自分のことを適切に理解してくれているかどうかを、しっかり見ているものです。

まずは、発達障害の子どもたちが健康で幸福に生きていけるように、子どもたちのよき理解者となってください。

本書では、発達障害の子どもの本質的な特性をよく理解できるように、具体的な問題をとりあげています。ここでは、何をするかということと同時に、なぜそうするかということも語られています。

さらに本書では、そういう子どもたちに日々寄りそい、子どもと学びあいながら愛をもって養育に取り組んでいるお母さんたちの姿が、実際に具体的に語られています。読者は、お母さんたちの姿を行間に見る思いで、本書を読み進めていかれることでしょう。

本書が、発達障害の子どもと、子どもに寄りそうお母さんの日々の生活を、より幸福なものにすることを信じて、序文とします。

2015年1月吉日

佐々木 正美

目次

2 もう叱らなくても大丈夫。「ちゃんと伝わる」言葉がけのルール

3 日常生活の「できる」がどんどん増える言葉がけ

4　「その子らしさ」を大切にする子育てを

A

1

発達障害の子が、何度言っても「わからない」理由

「早くしなさい」「やめなさい」が、まるで効かないのは…

発達障害をもつ子どもは、視覚的な情報への親和性がとても高く、目で見て理解することが得意です。小さいころからジグソーパズルやトランプの神経衰弱が得意だったり、一度通った道順を正確に覚えている、漢字の書き取りが素早くできる、といった能力に長《た》けていることがよくあります。

ところが、反対に見えないものに意味を見出すのがとても苦手です。見えないものに対して想像力を働かせることが難しいからです。そのため、相手の気持ちや場の空気などといったことには意識が向きません。人が話した言葉は、目で見て確認できませんから、話し言葉を理解するのも苦手です。どんなに言葉で言って聞かせても、行動や態度をなかなか改めてくれないのは、そのためです。

私の大学の教え子たちの中にも、発達障害をもつ学生がいました。彼らに聞いてみると、**話し言葉だけの世界というのは非常に不安になる**、と言います。

それを聞いて思ったのは、私にとっての英語の世界と似ているのではないか、ということです。書いてあるものを読むことや文章を書いたりすることは割り合いできますが、ペラペラと話し言葉でやりとりするのは難しいものです。そう考えてみると、発達障害をもつ子どもの世界が少しは理解できるのではないでしょうか。

発達障害の子どもの中には、話し言葉がかなり達者な子もいますが、いくらおしゃべりが上手でも、耳から聞いた言葉を理解できているとは限りません。聞くことと話すことは別だからです。学生たちに聞いてみると、話し言葉というのはすぐに消えてしまう、とのことでした。音が消えてしまえば言葉の意味も読み取れません。

発達障害の子どもは、普通の子なら当たり前にできることができない場合が多いので、普通の子以上に、叱ったり急かしたりしてしまうと思います。しかし、この子たちは話し言葉の理解が非常に苦手なのです。まずは、そのことを理解してあげてください。

「できて当たり前」ができないのが発達障害

発達障害とは、成長する過程の中で、心身の機能の発達が困難な状態のことを言います。もう少し具体的な言い方をすると、**生まれつき脳の機能に障害があって、脳の多様な機能を、同時総合的に働かせることがうまくできない**、ということです。

普通の子どもと比べて遅れているところはあっても、その一方でとても優れた能力を発揮するところもあり、**発達にアンバランスなところがある**のが特徴です。

発達障害のうちで、もっとも典型的なものを「自閉症」といいますが、自閉症の基本的な特性は共通しているものの、知的障害を伴わない「高機能自閉症」や、さらに言葉の発達に遅れのない「アスペルガー症候群」など、その程度や症状は一人ひとり違っていて、その境界もあいまいです。

こうしたことから、それらをスペクトラム（連続体）としてとらえ、「自閉症スペクトラム」と呼ぶのが、近年では一般的になってきています。

さらに私は、「注意欠陥多動性障害（ＡＤＨＤ）」や「学習障害（ＬＤ）」などにも自閉症と共通した問題があることから、自閉症だけをスペクトラムとしてとらえるのではなく、すべてをひとまとめにして「発達障害スペクトラム」ととらえるのが適切ではないか、と考えています。

発達障害の子を一般的な発達に当てはめてとらえようとすると、育てにくさを感じてしまいがちですが、その特性（障害）を理解すれば、不可解だった子どもの行動理由や適切な言葉がけの仕方がわかるようになり、こちらが伝えたいことも子どもの心にちゃんと響くようになります。

この子たちは基本的に、まじめで素直で勤勉で、ある意味とても育てやすい子たちです。さまざまな発達領域にある凸凹を理解したうえで、優れたところを伸ばす意識で発達を見守ってあげてください。急かしたり叱ったりしなくても、必ずいい子に育ちますから、安心して大丈夫です。

まずは、その行動特徴を知っておきましょう

まずは、本ページと次ページの図を見てください。発達障害の子どもに見られがちな行動特徴をまとめました。ここで紹介している10個は、多くの子どもに共通する、もっとも代表的な特徴です。

理解しづらい行動も、「こういう特徴があるからなんだ」と思えば納得もでき、対応もしやすくなるでしょう。

行動特徴については、22ページ以降で詳しく解説していますので、併せて参考にしてください。

①人と目を合わせることが苦手

視線を合わせようとしても、そらしてしまいます。また、「○○ちゃん」と名前を呼んでも反応しなかったり、他人に関心がなかったりします。

②目に見えないものに意味を見出すことが苦手

想像力を働かせることが難しいので、話し言葉を聞き取ったり、相手の立場を理解するなど、具体的に目に見えないものを理解するのが苦手です。

③新しい変化に対応することが苦手

雨で遠足が中止になるなど、予期しないことが起こると、不安になり、混乱してしまいます。習慣や日課になっていること、予定がはっきりしている生活を好みます。

④こだわりをもちやすい

決まったものや場所、決まった行為や行動にこだわります。日ごろ慣れ親しんだ行動パターンを続けることで、気持ちを安定させようとしています。

⑤感じ方が過度に敏感だったり、鈍感だったりする

音や光、味、におい、暑さや寒さ、痛みなどの感覚に、私たちの感じ方と大きなズレがあります。そのときの状況によっても感じ方は変化します。

⑥不器用さが目立つ

いくつもの動作や感覚を組み合わせてする動作が難しく、思いどおりに動かすことができないので、不器用さが目立ってしまうことがあります。

⑦「はじめ」や「おわり」を理解することが苦手

目に見えない時間や空間の意味を理解することが難しく、とくに、今までやっていたことをおわりにすることが理解できません。

⑧話を集中して聞くことが苦手

人の話す言葉を聞いて理解することが難しいので、興味ある話題などで話を聞く練習をしないと、集中して聞くことができません。

⑨人の気持ちや状況を理解して合わせることが苦手

自分のおもちゃを取られると怒りますが、相手も同じように怒るだろうと想像できないので、友だちのおもちゃを平気で取ったりします。

⑩何をしていいのかわからない状況に身をおくことが苦手

「好きなこと」や「自由に」ということが理解できないので、具体的に何をしたらいいのか指示がないと不安になります。

①人と目を合わせることが苦手

まだ幼いうちに発達障害ではないか、と判断する一つの目安として、視線が合わない、呼びかけても反応しない、ということがあります。どうして人と目を合わせるのが苦手なのか、はっきりとした理由はわかっていませんが、発達障害の子どもの場合、脳のいろいろな機能を同時総合的に働かせることがうまくできないという特性があります。ですから、**相手と目を合わせて会話しながら、相手の気持ちを読み取ったりという、複合的なことはとても難しい**のです。

発達障害をもつ何人かの学生に、「どうして目を見ないの？」とたずねてみたことがあるのですが、彼らは「怖い」というふうに表現していました。私たちが人の表情を読み取るとき、目から得る情報は多いはずです。けれども、発達障害の子どもは、そこに意味を読み取るのがとても難しく、意味不明の怖さがあるのかもしれません。**人と目を合わせることは、彼らにとって大きなストレスになる**のです。

②目に見えないものに意味を見出すことが苦手

発達障害の子は想像力を働かせることが難しいので、目で見て確認できないものを理解することが苦手です。そのため、**ものを聞いて理解するのも非常に苦手**です。

言葉を覚える場合にも、「お母さん」「お父さん」「お菓子」「電車」などのように、具体的に目に見えるものを表現する言葉から覚えていきます。「親切」「いじわる」「かわいそう」などの目に見えない抽象的な言葉は、理解するのに時間がかかります。

知り合いのセラピストが発達障害の子に、「親切ってどういうこと？」とたずねたら、「ドアを開けてあげること」と答えたそうです。普通の子どもは、ドアを開けてあげるのも親切、友だちにおもちゃを貸してあげるのも親切、などと親切な状況をいくつか経験すると、その間の共通した意味が自然に見えてきます。けれども、発達障害の子どもは、**一度に一つという情報処理の仕方しかできないので、いくつかの意味を同時に組み合わせる想像力が弱い**のです。

③新しい変化に対応することが苦手

発達障害をもつ子どもは想像する力が弱いので、今まで自分が経験してきた過去のできごとから、これからどんなことが起こるかを予測できません。そのため、予期しないことへの恐れや不安、混乱が大きく、新しい変化が起きると、パニックになってしまう場合があります。

予定がはっきりしている生活を好み、毎日の生活も、その日のスケジュールが事前に予告されていないと、安心して過ごすことができません。急に何かがあることを苦痛に感じるので、運動会や遠足などの行事が嫌いな子どもも多いです。**いつもと違う予定があるときは、その子が理解できるように事前に伝えることが大切**です。

また、ここで特記しておきたいのは、災害などの非常時はより一層混乱が大きく、私たちが想像している以上に、発達障害をもつ子どもは大きなストレスを感じているということです。このことを理解しておいてください。

④こだわりをもちやすい

こだわりというのは、言いかえれば、変化を嫌った行動です。**変化に対する不安から、決まったもの、決まった場所、決まった行為や行動を続けようとして、それにこだわる**のです。

たとえば、毎日通っている通学路が工事などで通れなくなってしまい、いつもと違う迂回路を通ることが不安で、どうしても通れずに学校を休んでしまった、などということがあります。この場合、事前に迂回路を通ることを知らせておいたり、地図などを見せて伝えたり、あるいは、普段からいろいろなルートを通って慣れさせておく、などの方法で対処することはできます。

一見すると、こうしたこだわりは、「わがまま」ととらえられてしまったりすることもありますが、決してそうではなく、**日ごろ慣れ親しんだものにこだわることで、気持ちを安定させようとしている**のです。

⑤感じ方が過度に敏感だったり、鈍感だったりする

発達障害をもつ人の場合、音や光、味、におい、触覚、暑さや寒さ、痛みなどの感覚機能が、敏感すぎたり、あるいは鈍感すぎたりすることがあり、私たちが感じている感覚とはかなり違いがあります。

たとえば、音を例にあげれば、小さな風の音におびえたり、友だちの話し声が耳にさわるかと思えば、金属がキーッとこすれ合うような音には何の反応も示さなかったりします。また、変化を嫌うという特徴とともに、洗いざらしのごわごわした感触が苦手だからというので、同じ服を毎日着たがるような子もいます。

その感じ方は個人差があるので、一概には言えないのですが、**不安などでストレスが増しているときほど、感覚が過敏になったりする傾向はある**ようです。感じ方がそのときによって違うと、つい「わがまま」ととらえられてしまうのですが、**私たちと感覚に大きなズレがある**、ということを知っておいてください。

⑥不器用さが目立つ

洋服のボタンをかける、箸でものをつまむ、ボールを投げる、縄跳びをするなど、手先を動かしたり、全身を使った運動をしたりするときに、不器用さが目立つことがあります。それは言いかえれば、自分の思いどおりに手足を操作することができない、ということです。

人は通常、何かの動作をしようとするとき、脳から体の各部分へ、どんな動きをしたらいいかといった命令を、別々の神経経路を介して同時に送ります。けれども、発達障害をもつ子どもは、**脳の同時総合機能が弱いので、手足などを同時にコントロールして動かすことができません。**

いくつかの神経を働かせて、動かすところと動かさないところのメリハリをきかせて体を思うように動かすことが器用さです。発達障害の子どもは、こうしたメリハリをきかせることが苦手なので、一種特有な不器用さが目立ってしまうのです。

⑦「はじめ」と「おわり」を理解することが苦手

発達障害の子どもたちは、時間の流れを理解することが苦手です。とくに小さな子どもの場合は、今まで楽しんでやっていたことを「おわり」にすることは難しいようで、言葉だけで「おしまい」などと言われると混乱してしまいます。

次の行動に移るときに場所を変えるなど、**「はじめ」や「おわり」の違いが具体的に目で見てわかるように根気強く教えていく**ことが必要でしょう。

診療相談にみえるお母さん方にその工夫を聞いてみると、「はじめ」と「おわり」というカードを作って、食事やおやつを食べ始めるとき・終わるとき、お風呂に入るとき・出るときなどに、その都度「はじめ」と「おわり」のカードを見せて教えていたりするようです。

そのほかにも方法があると思いますが、いずれの場合も1回や2回でわかるものではなく、時間をかけて何度もやっていくうちに理解できるようになっていきます。

⑧話を集中して聞くことが苦手

そもそも話し言葉を耳から聞いて理解することが苦手ですから、発達障害の子どもにとって話を集中して聞くことは非常に難しいことです。まわりの刺激に気をとられやすいので、話の途中で気がそれて、ボーッと自分の好きなことを考えているように見える場合があります。

話に集中させたいときは、子どもが興味のあることから話し始めるといいでしょう。そして、集中して聞きたくなるように、話の内容を工夫する必要があります。

さらに、できるだけ短い話であることが大切です。

また、絵本を見ながら話すなど、視覚的なフォローがあることも有効です。

ある程度、絵を見ながら話を聞けるようになったら、実物を見たあとに、楽しかったことや印象的なことを一つ二つ取り上げながら話してみると、視覚的なフォローがなくても、だんだんと話を集中して聞けるようになっていきます。

⑨人の気持ちや状況を理解して合わせることが苦手

相手の気持ちを想像したり、場の空気を読んだりすることは、発達障害の子どもがもっとも苦手なことと言っても差し支えないぐらいに、とても難しいことです。

たとえば、自分がたたかれたら痛いということはわかっても、同じように他人もたたかれたら痛いということを想像することができないので、平気で人をたたいたりします。決して、わがままで勝手な行動をしているわけではなく、**相手の痛みを想像できない**のです。

私たちは、過去に経験したことや学んで知ったこと、身につけてきたことから、そのときに脳の中で必要な情報を引き出して、その場や状況に合わせてふさわしいと思う行動をとっています。しかし、発達障害の子どもの場合、脳全体の働きをうまくコントロールすることができないので、瞬時に必要な情報を選んで引き出すということが難しく、その場に合わせた行動をとることができないのです。

⑩何をしていいのかわからない状況に身をおくことが苦手

発達障害の子どもは、**自由時間が苦手**です。「好きなことをしていいよ」「自由に遊んでいいよ」と言われても、彼らには「好き」や「自由」といった目に見えないことはよくわからないので、どうしていいかわからず不安になってしまいます。学校の休み時間、すべきことがわからず一人棒立ちになっている子もいたりします。

最近は子どもの自主性を重んじるということで、大人が指図をすることはよくないことのように思う人もいるかもしれません。けれども、発達障害の子どもの場合は、**具体的に何をしたらいいのかを示してあげたほうがいい**のです。

何をしていいかわからない時間をできるだけ作らないようにして、できれば二つか三つぐらいの選択肢を用意し、「どれで遊ぶ？」などと目に見えるかたちで示してあげるといいでしょう。選択肢が多すぎると混乱してしまうので、用意するのは、せいぜい三つぐらいまでにしましょう。

2

もう叱らなくても大丈夫。「ちゃんと伝わる」言葉がけのルール

聞くことが苦手、視覚情報に強い…などの特性に寄りそって

目に見えないものに意味を見出すことが苦手な発達障害の子どもたちにとって、そもそも話し言葉でのやりとりは、なかなか理解しにくいものです。

この章では、そうした子どもたちの弱みや強みを理解したうえで、どのように言葉をかけると伝わりやすくなるのか、その基本的なルールを四つお伝えします。

まずは、なぜ発達障害の子どもたちの弱みと強みを理解する必要があるのかについて考えてみましょう。

この子たちは、普通の子どもと比べると、できないこともありますが、とても優れた能力をもっている部分もあります。一般的な発達の中でとらえようとすると、

大人はつい遅れのあるところに目を向けてしまいがちですが、**彼らの優れた能力のほうに目を向けて、そこを伸ばしていくことを大事にしていきたい**、というのが私の基本的な考えです。ですから、発達障害の子どもたちが、どんなことが苦手で、どんなことが得意なのかを理解することは私にとって、とても重要なのです。

発達障害をもつ子どもたちは、基本的に聞くことが苦手です。そのため、単に言葉をかけるだけでは内容が通じにくく、「何度同じことを言っても、言うことを聞かない！」と、親がストレスを抱えることも多々あります。しかし、その一方で、目から入る情報には強いですから、その強みを伸ばして、耳で聞くことの弱みを補うことができます。**できないことがあれば、そこはあえてそのままにして、できることを生かして補う**ようにすれば、子育ての余計なストレスも少しは減るでしょう。

特性（障害）を理解したうえで、強みを伸ばそうと意識しながら、子どもたちに無理のない言葉がけの仕方を考えていく――。これが、子どもに「ちゃんと伝わる」言葉がけの根本にある考え方です。

ルール1

話しかけるときは、子どもの視線の中に入って言葉がけを

何かに集中していると、まわりが見えなくなる

発達障害の子どもの特性の一つに、**興味や関心が非常に狭いところに向かう**という傾向があります。親からしてみれば「どうして？」と思うような、ものの細部にとてもこだわったりします。

それは発達障害の子どもたちが、私たちとはものの認識の仕方が少し違っているということと関係があるでしょう。

私たちは何かものを見ると、パッとその全体像をとらえることができますが、発達障害の人は、同時に広い視野でものをとらえることができません。部分からものを見ていて、全体を見ることができないのです。

視野が非常に狭いところに限られていますから、何かに集中していると、まわりに誰か人がいてもまったく関心を示しません。

加えて、耳から入ってきた話し言葉を理解することも難しいため、呼びかけても、なかなか反応しないことが多いのです。

目の前に行き、関心をこちらに向けてから

呼びかけても、子どもがこちらに振り向きもしないで集中しているようなときは、できればそのまま没頭させておいてあげたいものです。

けれども、ときには、どうしても何かを伝えなければいけないということもあるでしょう。

そのときは、まずはその子の目の前に行ってから、声をかけてあげてください。

逆に、聞こえていないからと、大きな声で呼びかけ続けるようなことは避けてください。耳から入る言葉を理解することが苦手なのですから、いくら大きな声で呼びかけても通じません。

あまり大きな声で話しかけられると、言葉の意味がわかりづらいですから、子どもにとっては、ただ怒鳴られているようにしか感じられず、混乱してしまいます。

まずはその子の目の前に行って、その子の関心のあるものを使って、関心をこちらに向けて、視線を合わせてから、「○○ちゃん」と名前を呼んで言葉をかけるように心がけてください。

強引ではなく、自然で穏やかな雰囲気で話しかけましょう。

○○ちゃん

ルール2
指示を出すときは、言葉と視覚情報を併用して

言葉をかけすぎると逆に混乱させる

発達障害の子どもたちを育てるときの一つの基本姿勢として、話し言葉だけで済ませようとしすぎないことが大切です。ものの見え方や感じ方が違うので、声をかけるだけではなかなか通じないからです。

しつけや教育を熱心にしたいという思いが強いと、大人はついあれこれと口数が多くなってしまいがちです。

けれども、発達障害の子どもたちにとって、これは逆効果です。**できるだけ口数は少ないほうがいい**のです。

かつては、子どもの言葉が発達しないのは、大人の言葉がけが足りないからだ、

というふうに考えられていた時期もありました。

親がたくさん言葉をかけてやって、話し言葉に触れる機会を増やせば、それだけ言葉の発達も早くなる、と思われていたのです。

でも、それは大きな誤解だった、ということが今でははっきりとわかっています。

発達障害の当事者である学生に、子どものころのことを聞いてみると、たくさん言葉を浴びせられることは、大きな苦痛を感じるもので、ある意味、恐怖だったと言います。

また、同じ言葉でも、話す人によって発音や抑揚が違ってしまうと、発達障害をもつ人には、それが同じものとしては聞き取れず、話していることを理解するのに大変な努力が必要です。

こうしたことからも、発達障害の子どもに言葉がけをするときは、できるだけ混乱させないように、口数は少なくするということが、とても大切です。

身振り手振り、絵や写真を使って

指示を出すときは、発達障害の子どもたちが理解しやすい「見てわかる情報」を目で見えるようにしてあげると、さらに伝わりやすくなります。

たとえば、身振り手振りをまじえる、伝えたいことを絵や写真にしてみる、関連する道具などを示しながら伝えるなど、いろいろと方法は考えられるでしょう。文字が読めるようになれば、文字もとても有効な手段となります。

話し言葉で指示を出すときは、できるだけ目で確認できる情報を併用すること。これを心がけると、子どもたちとのコミュニケーションの幅が格段に広がることが実感できると思います。

5回ずつ
磨くよ

ルール3

注意をするときは、短い言葉で具体的&肯定的に

「○○してはダメ」ではなく「△△してね」

子育てをしていると、つい「○○してはいけません！」と注意をするような場面も多いものです。

けれども、発達障害の子どもたちは、「ダメ」「いけません」というふうに否定的な言い方をされると、何をどうしていいかわからず混乱してしまいます。

注意をするときは、「こうするといい」と思う行動を、具体的かつ肯定的な言い方で伝えるといいでしょう。たいていの言葉は、肯定的に言いかえられるものです。

たとえば、「水を出しっぱなしにしてはダメ！」と言いたくなるところを、「水を止めてね」というふうに具体的で肯定的な言い方で伝えます。

水、止める

また、聞くことが苦手ですから、一度にたくさんの情報を伝えられるというのも、理解に苦しみます。とくにまだ小さいうちは、単語の組み合わせぐらいのほうが伝わりやすく、ゆっくりとした口調で「水、止める」のように伝えてください。

そして、**一度ですぐに覚えられると思わずに、何度も繰り返し繰り返し言葉をかけて、教えてあげる気持ちも大切**です。

そうは言っても、つい「ダメよ！」という言葉が出てしまうかもしれません。とくに、何か危険なことに遭遇しそうになったとか、緊急を要するときなど、とっさに出てしまうのは、仕方のないことです。

「具体的に、肯定的に」と言われても一朝一夕にはいかないでしょうが、毎回はできなくても、普段からそのことを心の中に留めておくことで、次第にできるようになってくると思います。

肯定的な内容は、おだやかに伝えられる

人は否定的な内容を伝えるときに、厳しい口調になってしまうものですが、肯定

的な内容を伝えるときは、おだやかに伝えることができます。

私のところに相談にみえていたお母さんたちも、肯定的な言い方を実践するようになって、自分自身の人格が変わったような気がする、と言っていました。ある種のおだやかさが出てくるのでしょうね。ご主人からの評判もよいとのことでした。

発達障害の子どもは、できないことが多く、叱られたり注意されて傷つく場面がただでさえ多いのですから、できれば厳しい口調ではなく、おだやかに伝えてあげたいものです。

何かを伝えるときは、短い言葉でゆっくりと、具体的で肯定的な言い方で繰り返し伝える、ということを心がけましょう。

ルール4

できたことを認めてあげる言葉がけを

「できなかった」ことを必要以上にひきずってしまう

発達障害の子どもたちは、具体的なことをそのとおりに習得していくことが得意です。変化を嫌うところがありますから、一度覚えたこと、身につけたことは、それを実直に守ろうとします。とても真面目なのです。

ただし、その一方で、**ものごとを忘れることができない**ところがあります。

私たちが何かを習得するとき、失敗を重ねながら、過去の経験を手がかりにして、ものごとを覚えていきます。そして、最後には「できた！」という喜びが、失敗したつらさを打ち消してくれるものです。

ところが、発達障害の子どもたちの場合は、ものごとを忘れることができません。

ですから、「できた！」という喜びが、過去のつらかった経験を打ち消してくれることはなく、むしろ、失敗したり、怒られたりしたマイナスの記憶のほうが、ずっとはっきりと心に残ってしまうのです。

加えて、時間の観念もはっきりとしないため、過去のつらい記憶が何かのきっかけで、突然、今あったことのようによみがえってきてしまうこともあります。

そのため、発達障害の子どものもっている力を伸ばすには、**できたことを認める言葉がけをたくさんしてあげる**ことが、とても重要な意味をもっているのです。

小さいことでも、うんとほめて伸ばす

発達障害の子の場合、小さなうちはとくに、できないことや苦手なことが目立ってしまいます。

「なんでこんなこともできないの！」とまわりから叱られたり、否定されたり、できないことを無理にやらされて自信をなくしてしまう、ということも少なくありません。

けれども、普通の子なら当たり前にできるようなことが、この子たちにとっては難しい場合がたくさんあるのです。

ぜひそのがんばりに目を向けてあげてほしいと思います。できないことに目を向けるのではなく、今できることに目を向けて、それをうんとほめて伸ばしてあげてください。

できたね！
D
D
C
B
A

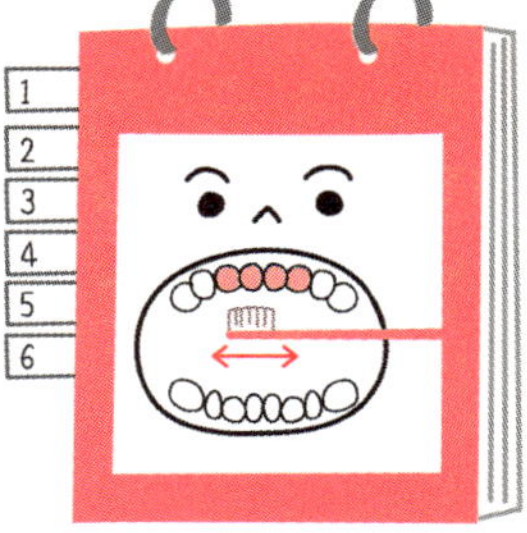
1
2
3
4
5
6

3

日常生活の「できる」がどんどん増える言葉がけ

「当たり前のこと」ができるようになると、大きな自信に

発達障害の子どもに、できないことや失敗することがたくさんあったとしても、今できることや得意なところをほめて、「できる」ことを増やしてあげてください。怒らず、あせらず、できないときには手伝ってあげて、何度でも繰り返し根気強く教えてあげてください。

いつできるようになるかは、その子に任せてしまって大丈夫です。親は、子どもができるようになるまでの一歩一歩を、見守りながら待てばいいのです。そうするうちに、子どもの中に自律する力（自分のことを自分で決める力）が育っていきます。

子どもの社会性や自律性は、親の温かいまなざしが育てるのです。

この章では、大人がイライラしがちな発達障害の子どもの問題行動を挙げ、場面ごとにＮＧ例とＯＫ例を紹介し、伝わる言葉がけの方法をアドバイスしています。

発達障害の子どもに、どのように言葉をかけると伝わりやすくなるのか。どのような言葉をかけると、自尊心を傷つけずに、できることを増やし、得意なところを伸ばすことができるのか——。

こうした疑問を解決する糸口にしていただけるとうれしいです。

日常生活の「できる」を増やすために大切なのは、子どもの特性を理解して、望ましい行動を「ちゃんと伝える」ことです。

具体的に、どのように言葉をかけていいのかわからないという方は、66ページ以降に言葉がけの具体例を紹介していますので、参考にしてみてください。

子どもの「できる」を増やす言葉がけ5箇条

ここでは、発達障害の子どものできることや、得意なことを増やす言葉がけのポイントを五つ紹介します。

1 できるだけ叱らない

お子さんが言うことを聞いてくれないときや、簡単そうなことさえできないとき、つい叱ってしまうこともあるでしょう。

ですが、できるだけ叱らないであげてください。発達障害の子どもたちは、とても傷つきやすい子たちなのです。

叱るときは自然と表情が厳しくなり、叱る側も叱られる側も、いい気分はしません。叱るよりも、してほしい行動を伝えて、できたらほめる、にしたほうが、お互いに気分よく過ごせるのではないでしょうか。

たとえば「走らないで」と叱ると、「○○しないで」の「○○」の部分にだけ注意がいき、子どもがますます走ってしまう場合があります。

こんなときは「歩こうね」といった言い方をして、歩けたらほめてあげるといいですね。

2　どうしても叱らなければならないときは、短い言葉で

そうは言っても、子どもが熱いやかんに触ろうとしているときなどの緊急を要する場合は、叱らざるを得ません。

「いけません！」ときつく叱り、子どもの体を抑えつけてでも「ダメ！」と断固止めさせなければならないでしょう。

ここで大切なのは、「ダメ！」「いけません！」と厳しい表情・口調で叱って、いけないことなんだと、子どもに気づかせることです。

子どもが抑えつけられることを嫌がって抵抗するかもしれませんが、まずは子どもが落ち着くまで待ちます。ある程度、落ち着いたら、抑えていた手を離して、穏やかに「こうするのがいい」と具体的に教えてあげましょう。

3 叱ったあとは必ずほめる

そして叱ったあとは、叱りっぱなしにしないで、最後は必ずほめて終わらせることが大切です。叱りっぱなしにすると、叱られた経験だけが記憶に残って、子どもが自信をなくしてしまう、ということも少なくありません。

「言うことを聞いて、えらかったね」などと言って、抱きしめてあげるのもいいですね。

4 小さなことでも「できた」ことをほめる

親は、つい子どもの「できない」ところに目を向けてしまいがちです。

しかし、お子さんが赤ちゃんだったころを思い出してみてください。当時に比べたら、できるようになったことは、たくさんあるのではないでしょうか。

ハイハイしていた子が、今こうして立って歩けるようになっていることだって、とてもすばらしいことなのです。

高いレベルのことを求める必要はありません。今、普通にできることを「できたね」と一緒に喜んであげることが大切です。

子どもは何かできたときに、「できた！」という達成感を味わっています。親も子どもと同じ気持ちになって、「よくできたね！」「がんばったね！」とほめてあげるといいでしょう。子どもも、ほめられると、「やった！」という満足感を覚えて、やる気を出してくれますよ。

5 子どもが喜ぶ「ごほうび」を用意する

大人がお給料をもらえるとうれしいのと同じように、子どももごほうびをもらえるとうれしいものです。

それが行動を維持する動機になるのであれば、ごほうびは悪いことではないと私は思っています。

ごほうびには、お菓子、絵本、おもちゃ、お小遣いなど色々考えられますが、一番のおすすめは、お子さんが一番喜ぶものです。

もちろん「ほめる」ことも、ごほうびの一つです。

色々と試して、お子さんに一番効き目のあるごほうびを見つけてみてください。

ぜひ参考にしたい、4人のお母さんの現場からの声

本書では、言葉がけをより実践しやすくするため、発達障害のお子さんをもつ4人のお母さん方にご協力いただき、それぞれのケースで困ったとき、実際にどのように対処されたのかを聞かせてもらいました。

次のページに4人のプロフィールを紹介します。

いずれのお子さんも男の子ですが、女の子のお子さんにも、すべて当てはまる内容です。子どもの性差に違いはありませんので、安心して参考にしていただけたらと思います。

Aさん

長男：自閉症。軽度の知的障害あり。
　　　普通学校の特別支援学級に在籍。小学５年生。
次男：高機能自閉症。知的な遅れはなし。
　　　普通学校の特別支援学級に在籍。小学２年生。

上の子は、軽度の知的障害があって、今は特別支援学級に通っています。人見知りがまったくないわけではないのですが、積極的に人に話しかけたり、人を笑わせたりするところのある明るい子です。

下の子は、おしゃべり好きな子で、知的な遅れはないのですが、「あんなうるさいところ、僕は苦手なんだ」と言って、今は普通級ではなく特別支援学級に通っています。

上の子も下の子も３～４歳頃の約１年間、療育センターの早期療育チームの教室へ通いました。子どもの療育と平行して、私も保護者の勉強会に参加して、どんな支援ができるのか学びながら、できることを試行錯誤する毎日です。

Bさん

自閉症。重度の知的障害あり。
養護学校に在籍。
中学１年生。

重度の知的障害がある子です。受動的なタイプの子なので、急な予定変更などがあっても比較的素直に受け入れてくれます。今は養護学校に通っているのですが、学校が本当に大好きで、毎日楽しく通っています。

三つ違いの弟がいて、下の子が生まれたばかりのときに上の子の障害がわかり、当時は途方に暮れる毎日でした。

でも、同じような境遇のお母さん仲間に出会って、がんばっている姿に励まされ、私もできることをがんばろう、と思えるようになりました。

手先は器用なので細かな作業は得意ですが、身辺自立がなかなか身につかず、支援を継続するのは心身ともに大変ですが、子どもの未来を信じて根気強くがんばっています。

Cさん

高機能自閉症。

普通学校の普通級に在籍。

小学６年生。


３歳のときに自閉症スペクトラムという診断がついて、小学校に入るときに高機能自閉症と診断されました。

２歳３カ月のころから療育に通い始めたのですが、療育に行くまでは、言葉も含めてコミュニケーションがまったくとれない状態でした。はじめて言葉が出たのは１歳８カ月のころで、すべて「これ（これの意味）」で済ませてしまうようなところがありました。

療育に行くようになって、ある程度、要求や報告はできるようになりましたが、今でもコミュニケーションは達者とは言えません。

Dさん

高機能自閉症。IQ150以上。

普通学校の普通級に在籍。

小学１年生。


高機能自閉症と診断されていて、IQは150以上あります。普通級に在籍し、週１回通級指導教室に通っています。普通級では、あまりうまくなじめていないようで本人も苦しんでいますが、通級指導教室では、うまく過ごせるようになっています。

IQが高い子というのは、ケアをする存在だと理解されにくいところがあって、どうしたらいいのか本当に困っています。

「IQが高いんだからできるでしょ」と思われてしまって、知的な高さと「困り感」は別ものだ、ということが理解されにくく、どうしたら安心して過ごせる環境を用意してあげられるのかが悩みです。

グズグズ・モタモタに関すること

何をするにしてもグズグズして時間がかかる。すぐに終わりそうなこともモタモタして、なかなか終わらない……。こうしたスローなマイペースさは、発達障害の子どもによく見られる特徴です。

お母さんとしては、お子さんがグズグズ・モタモタしていると、つい叱ってしまったり、小言を言いたくなってしまうでしょうが、そうしたからといって、お子さんの行動が変わるわけではありません。

まず大切なのは、グズグズ・モタモタする行動の理由を理解することです。「どう行動したらいいのかわからない」からなのかもしれませんし、「他に気になるものがあって一つのことに集中できない」からなのかもしれません。

その理由に合わせて、「子どもにもわかる言葉を使う」だったり、「気が散らない環境を用意する」などの対応の仕方を考えていきましょう。

発達障害の子どもに言葉がけをするときは、絵カードやスケジュールなどの**視覚支援ツール**（情報を視覚的にわかりやすく示したもの）を使うと、伝わりやすくなります。

耳で聞くよりも、目で見るほうが理解しやすいので、言葉を聞いただけではイメージできないことも、実物や写真、絵や文字などを使って目に見える形にして教えられたほうが、ずっと理解しやすくなるのです。

トイレや着替え、歯みがきなどの生活スキルは、視覚支援ツールを使って教えると、身につきやすいと思います。

「言って聞かせれば大丈夫」と思いがちですが、**発達障害の子どもには「見せて伝える」方法が一番効果的**なのです。

ただ、視覚支援ツールを使うときは、その子が見て理解できることが前提になります。もし子どもに理解できないようなら、その子の理解に合ったものに作り替えてみてください。

ケース1 朝の支度を次々とこなせない

「早くしなさい」ではなく、次にすることを教える

忙しい朝にモタモタされると、つい「早くしなさい！」と言いたくなってしまうかもしれませんが、それを言っても早くしてくれるようにはおそらくなりません。目に見えないものを理解することが苦手な発達障害の子どもたちにとって、「早くしなさい」「次は何をするの？」などという言葉は、なかなか理解しづらい言葉がけです。親のイライラした感情が伝わり、子どもを不安にさせるばかりでしょう。

基本的には、具体的に関連するものを見せたり、絵カードを見せるなど、目で確認できるようなものを一緒に見せながら、「歯をみがくよ」「着替えだよ」と、次にやることを具体的に、できるだけ短い言葉で指示します。

NGの理由

言葉だけで指示されても
次に何をしていいのか
わからない

OKの理由

次にやることを目で見て確認できるように
絵カードを見せて指示している

いつも決まった流れにしておくほうが、この子たちの場合は安心できます。しなければならないことを描いた絵カードを並べておくとわかりやすいかもしれません。

スケジュールをあらかじめ知らせておくことは必要なのですが、あまり情報が多すぎるのも混乱してしまいます。年齢が小さいうちは、次にやることぐらいを予告しておく程度にして、だんだんと流れを知らせていく、ぐらいでいいと思います。

絵カードを並べておいて、終わったらはがしていくなど、いろいろ工夫しているお母さんたちもいるようです（69〜71ページ参照）。

絵カードは、詳しく書いてある必要はなく、手洗いなら石けんの絵が描いてあるなど、ヒントが書いてある程度の単純なもののほうがいいです。あまり詳しく書いてあると、情報が多すぎて、どこを見ればいいかわからなくなってしまうからです。

絵が苦手なら写真でもいいのですが、背景にいろいろなものが写っていると、多くの情報に混乱してしまうこともあるので、写真を使うときは注意してください。

まとめ

視覚支援ツールを使うときは、情報過多にならないように気をつけて。

困ったときは、こうしました！
お母さんたちの体験談

Aさん

絵カードを指して「確認してください」

うちの子は刺激に弱いので、朝はテレビもラジオもつけません。起きてからやるべきことを絵カードで用意しておいて、必要に応じて声かけをしています。

気が散ってしまうと、途中で何をしたらいいのかわからなくなって、動きが止まってしまうことがあります。そうすると、「もう何やってるの、早くしなさい！」は通じないので、絵カードを指して、「確認してください」と言うようにしています。この方法は自分で確認して動けるのでいいようです。

それでもおしゃべりばかりして進まないときは、タイマーや時計を使って、「早く終われば学校（幼稚園）に行く前に○分だけ遊べるよ」とごほうびを用意して、やる気を誘っています。

本人ががんばって順調に終わらせることができた日は、「今日は早かったね～。すばらしい！　気持ちいいね！」などと言ってほめまくると、本人もうれしそうにしています。

あるとき、家に遊びにきたお友だちが絵カードを見て、「これ、何？」と、うちの子にたずねました。すると、うちの子は「これは僕を助けてくれるんだよ」と答えていました。

親からうるさいことを言われなくても、自分で動けるということは、本人にとっても大きな自信につながっているようです。

Cさん

絵は苦手なので ネットで探しました

洗顔ならタオルの絵、歯みがきなら歯ブラシの絵などの絵カードを両面ファスナーで貼っておき、終わったらはがしてカゴに入れる、という形式にしていました。

最初は一緒にやってあげて、あとは様子を見ながら、ときどき「次は？」とか「これ終わったね」と声をかけたり、次のものを指さしたりして少しずつ支援を減らしていきました。今も確認は親がしています。

私は絵を描くのが苦手なので、絵カードの絵はネットで探しました。見つからないときは、背景に何もないようなところで写真を撮って代用しました。

Dさん

絵は使わず、あえて文字で

口頭では通じないので、スケジュール表を作って、それぞれやることに番号を振っておくようにしました。

動きが止まってしまったときは、「○番やって」というようにしたら、私の口数も減り、子どもも番号を見れば自分でわかるので、すごく負担が減りました。

息子が文字を覚えてからは、絵カードや写真を見せると、情報が多くて何を受けとってよいのかがわからず、怒り出してしまうようになりました。

そこで、うちでは絵カードは使わず、指示をするときは文字で書いたものを見せています。

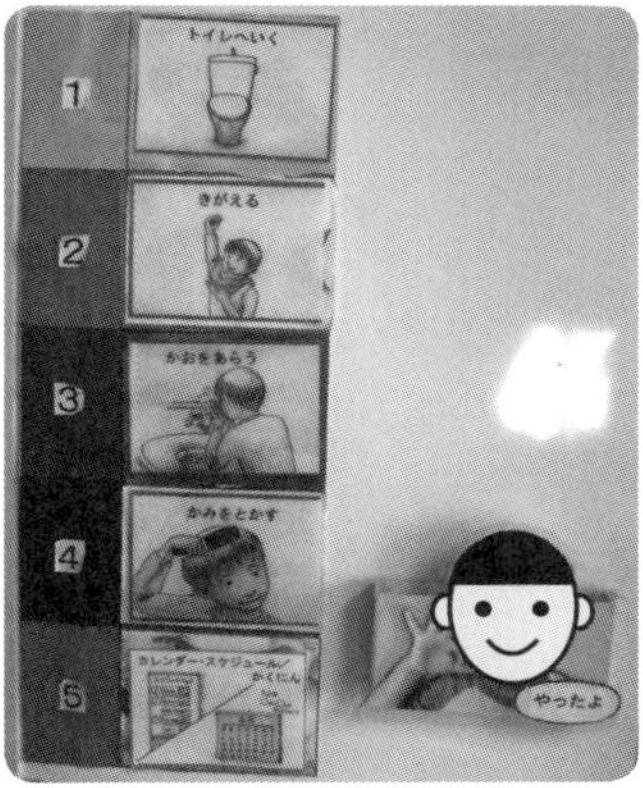

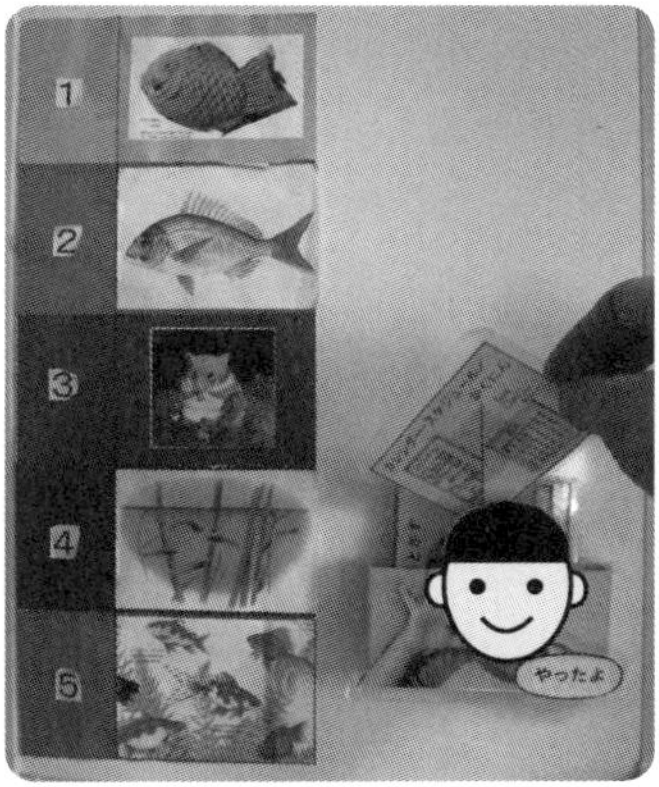

↑絵カードのスケジュール例①

終わったら絵カードを右下の「やったよ」ケースに移動させます。絵カードの下には、子どもの好きな魚や動物の写真を貼り、絵カードを外したら見える作りにしました。その結果、楽しみながら朝の支度ができるようになりました。

←絵カードのスケジュール例②

時計をつけて、時間も一目でわかるように工夫しました。

1	トイレ
2	きがえ
3	かおをあらう
4	かみをとかす

←文字カードのスケジュール例

ケース2 トイレに行こうとしない

遊びに夢中なときほど、絵や写真の指示が効く

遊びに夢中になっていると、本当はおしっこがしたくてもトイレに行こうとしないというのは、どの子どもにもよくあることではないでしょうか。

とくに発達障害の子どもの場合は、話し言葉で言われると、もっとも気乗りがしません。何かに集中しているときに、こちらに目を向けてもらうには、絵カードやトイレの写真を見せるなどして、何か目に見えるものを使いながら誘ってみることが有効です。

言葉をかけるときは、できるだけ短い言葉で、「トイレ、行こう」「ちっこは?」など、おうちでいつも使っている言葉で誘います。

NGの理由

遊びに夢中な子に
言葉だけで指示をしても
伝わらない

NG

OK

OKの理由

目で見て確認できるものを示しながら
トイレに誘っている

「トイレ」「お手洗い」「洗面所」など言い方が違うと、発達障害の子どもたちは、ただでさえ話し言葉が苦手なので、意味がわからなくて混乱してしまいます。トイレに誘うときは、**いつも同じ言葉を使う**のも大切なポイントです。

そして、もし**おもらししてしまっても、絶対に叱らない**ことです。小さい子どもの場合、叱られるからやらないようにしよう、というふうには思わないものです。おしっこをすることが嫌な体験になってしまって、それが嫌な体験であればあるほど、そこから逃げようとして、トイレに行く回数を減らそうとしてしまいます。叱ることは逆効果なのです。

失敗してしまっても、「おしっこ出たね」「気持ちよくなったでしょ」と、おしっこが出たことをまずは喜んであげてから、「おしっこは、こっちだね」と次の段階として伝えていけばいいのです。

決して、嫌悪感を示すような言葉や態度は見せないようにしてください。

まとめ

トイレを、子どもが楽しく気持ちよく行ける場所にしてあげましょう。

困ったときは、こうしました！
お母さんたちの体験談

Aさん

トイレタイムを
スケジュール表に組み込んで

うちの場合は、スケジュール表にトイレの予定を入れるようにしました。トイレに行くのを嫌がっても、「スケジュール表に書いてあるよ」と納得させて、行かせるようにしています。

上の子が幼稚園に通っていたころ、しばらく不安定な時期があって、もれてもいないのに汚れたからと、1日にパンツを10枚ぐらい替えるようなことがありました。

あるとき、「替える、替える」と繰り返し大騒ぎするので、私も腹が立ってきてしまって、つい怒ってしまったんです。

そうしたら、幼稚園でおもらししたときに、机の下に潜り込んで、「お母さんに怒られる！」とパニックになってしまいました。

その後、汚れたパンツを隠したりするようになり、本当に困ってしまいました。

療育センターの先生に相談し、まずは私が息子を怒らないようにすることと、汚してしまったときに息子がどうしたらいいかを教えるようにしました。

それからは、パンツを汚したら、自分で洗い、キュッと絞って、洗い場に置いてくれるようになりました。

私が洗ったパンツに気づいたときに、「やったんだ、エラいね」「大丈夫？」という感じで対応するようにしたら、だんだん失敗する回数も減ってきました。

今ではトイレを汚したら、自分で掃除をするまでになっています。

叱るよりも、失敗したあと、どうしたらよいのかを教えてあげるほうが大事だと、つくづく感じています。

ケース3

なかなか着替えてくれない

子どもがしたがらないことは、親が手伝ってしまうのが一番

子どもができないこと、したがらないことについては、あまりくどくど言わないで、さりげなく手伝ってしまえばいいと思います。ほどほどに子どもを急かしてもいいのですが、着替えは必ずしなければいけない、ということを伝えたうえで、親が手伝ってしまうのが一番です。

なかなか着替えてくれないと、親のほうはイライラしてしまうかもしれませんが、親が不愉快な気持ちになればなるほど、子どもが自分でできるようになるのが遅れてしまいます。**着替えることに、マイナスのイメージを定着させないようにすること**が大切です。

NGの理由

テレビに夢中な子に
言葉だけで指示をしても
伝わらない

OKの理由

子どもが着替えを楽しいと思えるように、
楽しく会話をしながら手伝っている

できるだけ楽しい時間になるように、「さぁ、手を出して」などと会話を楽しみながら手伝ってあげられるといいでしょう。

しつけ下手な人は、つい叱ってしまったり、くどくど小言を言って、子どもに苦痛な時間を与えてしまいがちですが、それではかえって遠回りです。子ども一人でやらせることにあまりこだわらないほうが、結果的には自立を促します。

また、**発達障害の子の場合、皮膚感覚が敏感な子もいて、服の素材のちょっとした違いがチクチクして嫌だとか、洗い立てのゴワゴワした感じが苦手など、着るものの素材にこだわる子がいます**。そうしたこだわりがあるのなら、できるだけ子どもの思いに沿ったものを着させてあげてください。

衣類に関して補足しておきたいのは、発達障害の子どもたちは、**暑さや寒さに割合鈍感な場合が多い**ところです。「暑いときは脱ぐと涼しくなる」といった感覚がなかったりもするので、着衣の調節はさりげなく大人が気をつけてあげてください。

まとめ

子どもにやらせることにこだわらないほうが、早くに自立してくれます。

困ったときは、こうしました！お母さんたちの体験談

Cさん

手伝うときは一言添えて

幼児のころは、ある程度手伝ってしまっていいと割り切ることも大事かと思います。うちの場合は手伝うときに、「お母さん手伝おうか？」と聞いて答えさせたり、終わったら「ありがとう」と言わせたりするように心がけていました。

Bさん

途中まで手伝って、最後は自分で

息子は中１になりますが、今も困っています。意識がそこへ向くように、着替えのカゴを用意していますが、なかなか着替えてくれません。

何をやってもダメなときは、途中まで手伝って、本人がちょっと気持ちが悪いなと思うようなところで止めるんです。すると、自分でズボンや靴下をあげてくれます。ちょっと手伝って、できるだけ自分でできた、という体験をさせるように心がけています。

Aさん

着替えをゲーム感覚で

うちでは、まわりの刺激に影響を受けないように、ものがあまりない場所を着替え用に用意して、集中できるようにしました。テレビやラジオもつけません。できるだけ「同じ場所で、同じ声かけで」がいいようです。

「５分で着替えてみようか？」とゲーム感覚で着替えさせて、時間内にできたら「新記録！」なんてほめたりすると喜んで着替えています。

発達障害の子の場合、テクニックとして着替えができない子もいると思います。うちの子も、洋服がたたんであると、どこをもって着たらいいのかわからないようでした。もつところに印をつけるといいと療育センターで聞き、試してみたら、着替えやすくなったようでした。

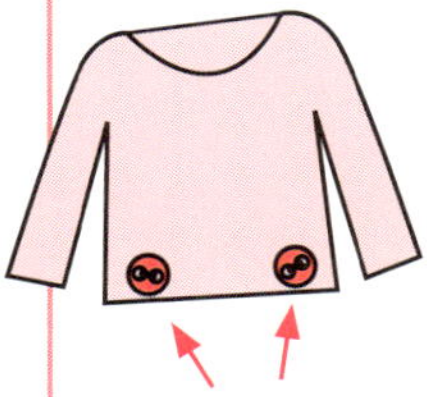

ケース4 食べるのに時間がかかる

終わりの時間を先に伝える

ダラダラ食べをなくす方法のまず一つに、できるだけその子が好きなものを食卓にのぼらせるようにする、ことがあります。

親としては当然、栄養バランスを考えるわけですから、好きなお菓子ばかりでいいわけではないというのも確かですが、子どもが喜んで食べたがるものを中心に出してあげると食が進みます。

食事というのは毎日のことですから、何よりも楽しい時間にしてほしいと思います。そうでないと、食べること自体が、子どもにとっては嫌なものになってしまいます。

NGの理由　終わりの時間がいつなのか具体的にわからない

OKの理由　時計を見せて、終わりの時間を確認できるように伝えている

とくに発達障害の子どもは、感覚が独特なこともあって偏食の傾向が強いこともあります（112ページ参照）。ただでさえ食べられるものが少ないのであればなおさら、好きなものを出して楽しく食事ができるようにしてあげてほしいと思います。

そのうえで、どうしても食べる時間に制限があるようなら、時計などを使って終わりの時間を目で見えるようにして「ここで、おしまい」と知らせましょう。事前に予告し、時間がきたら食事は下げてしまってもいいと思います。

また、一度の食事でバランスよく食べないといけない、と思う必要もありません。小さい子どもは食事だけでは栄養が足りないから、おやつが必要なのです。**食事の時間で食べる量が足りないのであれば、あとで補えばいい**、というぐらいのゆったりとした気持ちで向き合っていけたらいいのではないでしょうか。

たとえば、果物をフルーツジュースにして、とりやすいように工夫してみるなど、その子が望むものを中心に、食が進む方法を臨機応変に考えてみましょう。

まとめ

子どもが喜んで食べたがるものを中心に出してあげましょう。

困ったときは、こうしました！ お母さんたちの体験談

A さん

終わる時間を事前に必ず予告して

　発達障害の子どもたちには、“予告”がとても重要です。予告をしないで、いきなり終わりにすると、パニックを起こします。

　聞こえてくる音や目に入ってくるものも、この子たちにとっては刺激になります。気が散って食べるのが遅くならないように、テレビやラジオは消し、テーブルの上を片付けておくようにしています。

　あまりに時間がかかるときは、タイマーや絵カードを使って終わりの時間を伝えて、時間になったらサッと片付けるようにしています。

　終わりの時間が近づいたとき、「これは残してもいいけど、こっちを先に食べよう！」などのアドバイスをしてあげると、食事が進んでいるようでした。

D さん

食べにくくて進まないということも

　息子は小さいころ、スパゲッティが苦手だったのですが、ペンネだと食事が進むので不思議に思っていました。

　そこで、ちょっと大きくなってから理由を聞いてみたら、「食べているうちに疲れちゃうから、長いのじゃなくて、短いのにして」と言っていました。

　好き嫌いだけではなく、食べにくさみたいなものが食事が進まない原因だったりもするので、あれこれ試してみたらいいと思います。

ケース5 簡単にできそうなことができない

今、普通にできていることを一緒に喜んで

「なんでこんな簡単なこともできないの？」などという言葉は、絶対に言ってはいけません。

できないものはできないのですから、自分にできないことを、そんなふうに言われるほど、悲しいことはないですね。

お母さん、お父さんご自身にも、できないことはたくさんあると思います。それを夫や妻から「えー、できないの？　なんで？」などとばかにされたら、どんな気持ちがするでしょうか。

積み木が三つ積めないのであれば、二つ積めればいいのです。

NGの理由

できないことを
指摘されると
深く傷ついてしまう

OKの理由

小さなことでも、できたことを喜んで
ほめてあげている

できるようになるまでにちょっと時間が必要なだけで、遅かれ早かれ、いずれは必ず三つ積めるようになります。お母さん、お父さんが手をとって、一緒に積んであげてもかまわないと思います。

難しいことを努力してやることが、発達ではありません。**その子にとって簡単にできることを繰り返しやることが、小さな子どもの発達**なのです。ですから、今できることを、「できたね」「がんばったね」と一緒に喜んで、うんとほめてあげてください。高いレベルのことを求めるのではなく、今、普通にできていることを喜んであげることが一番です。

当たり前にできるなんていうことは、何一つありません。

まだこの子が生まれたばかりの赤ちゃんのころを思い出してください。今こうして、ごはんを食べられることだってすばらしいことですし、立ったり歩いたりできることだってすばらしいことだと実感できるはずです。

まとめ

わが子が生きているだけでありがとう。これだけで十分ではありませんか。

困ったときは、こうしました！
お母さんたちの体験談

Bさん

最後は子どもにやらせて達成感を

うちの子の場合は、できないことも多いので、ほとんど親が手伝っていたとしても、最後に自分で「できた」という思いをできるだけもてるようにしています。

たとえば積み木なら、自分で全部できなくても、「一緒にママとやろうね」と言って目の前で積んで見せて、最後の一つは子どもに手渡して積ませ、「わあ、できたね」「すごいね」と一緒に喜びます。

できなかったという気持ちで終わるよりも、最後に子どもにやらせて「できた」という達成感を味わえるほうが、今後につながっていくと思っています。

Aさん

日ごろから
なんでもほめるように

できて当たり前のことができないのが発達障害だと思っているので、なんでもほめるようにしています。

「ちゃんと座ってるね、えらいね」「歯みがきしたね、がんばったね」「ごはん食べたね、すごいね」「一日がんばったね、えらいね」などと、いつもと変わらない日常の中でも、たくさんほめることがあります。

ときには少し手を添えて成功させて、「がんばったね」と、できたことを一緒に喜んでもいいのかなと思います。

もちろん、日々子どもたちに手を焼いてイライラしたり、ガミガミ怒ってしまうこともたくさんありますが、日ごろから、「あなたがここにいてくれてうれしい」「生まれてきてくれて幸せ」ということを伝えています。

ケース6 手伝ってくれたけれど、結果がイマイチ

まずは「ありがとう」、そのあとにアドバイスも

今はまだ結果がイマイチかもしれませんが、いつかは必ず上手にできるようになります。手伝ってくれたことだけをうんと喜んで、ほめてあげればいいと思います。最初のうちは、上手にできなくても、「こうしたほうがよかった」「もっと○○したら上手にできた」などと、つけくわえたりせず、とにかく「ありがとう」と言って、ほめてあげてください。慣れてきたら少しずつ、上手にできるような方法や心構えをさりげなくアドバイスしてあげれば十分だと思います。

また、食器を乱暴に置いてしまうなどのことがあれば、「お茶碗さんが痛い、痛いって言っているから、そっと置いてあげて」と、子どもが楽しい気持ちになれる

NGの理由
イマイチさを指摘されると、
失敗経験が記憶に残り
お手伝いへの意欲が下がる

OKの理由
まずは手伝ってくれたことに感謝し、
さりげなくアドバイスをしている

ように、優しく声をかけてあげるといいでしょう。

発達障害の子どもたちは、臨機応変にその場に応じて何かができるようになるというのは難しいのですが、毎週決まった曜日にゴミを出すなど、**パターンが決まった行動を覚えるのは得意**です。ときには、おうちの人がうっかりゴミの日を忘れていたのを、その子が教えてくれたりして、とても頼りになる存在になってくれることもあります。

この子たちには、行動パターンの決まったものがわかりやすいです。たとえば毎朝ポストに新聞を取りにいくとか、ごはんの前にテーブルを拭いてもらうなどのことから、お手伝いをお願いしてみたらいいと思います。

そして、いつも「ありがとう」の言葉を添えてあげてください。ほめられることで、子どもは自分が役に立てている喜びや、自分でも役に立てるという自信を感じることができると思います。

まとめ

子どもが得意なことをお手伝いしてもらうと、ほめてあげやすいですよ。

困ったときは、こうしました！
お母さんたちの体験談

Cさん

運んでくれただけで十分

たとえば、食器を運ぶことであれば、「運んでくれてありがとう」と伝えます。幼児のうちはこぼれてしまっても、運べただけで十分じゃないでしょうか。

もう少し大きくなってきたら、こぼれたとき「ちょっとキッチンペーパーをとって」と、片付けることを一緒に手伝ってもらうといいと思います。

少しコップを運ぶのが上手になってきたなと思ったら、手を添えてコップをまっすぐにして、「まっすぐにすればこぼれないよ」とか、コップに線を引いて「ここまでにすればこぼれないよ」などと、具体的な方法を教えてあげます。

最後に、「こぼれたら拭くんだよ」ということを教えるのですが、この失敗したときのフォローというのが、以外と大切だと思っています。というのも、うちの子は失敗に弱いので、「ごめんなさい、ごめんなさい」と固まってしまうんです。

失敗はしてはいけないことではなくて、失敗してもフォローする方法があるということを根気強く教えてあげることが大事だと思っています。

Aさん

お願いは一度に一つだけ

まずは、完璧を期待しない心構えが必要だと思います。やってくれたことをほめたうえで、「ありがとう！　次はここをこうするともっといいよ」とか、「こうすると、お母さん助かるな」などと言いつつ、さりげなく修正を加えていくようにしています。

この子たちの場合、一度に複数のことを理解するのが難しいので、お願いするのは一度に一つだけにしてあげたほうがいいと思います。それを繰り返すうちに、だんだん上手になっていきます。

ケース7 宿題をやろうとしない

おもしろくない宿題には、うれしいごほうびを用意

どの子も一律に宿題をしなければいけないというのは、日本独特の考え方でしょうね。私個人としては、放課後の時間はもっと子どもの自由にさせてあげていいのではないか、と思っています。自分が一番したいことをできるほうが、この時期には必要なことだと思うからです。

先生とざっくばらんに話し合って、この子の特性を伝えたうえで、宿題ができないときや、親が一緒に手伝って宿題をしていくときもあることを、事前に了解しておいてもらうといいと思います。

発達障害の有無に関係なく、宿題をやりたくないのは、おもしろくないからです。

NGの理由　ゲームに夢中な子に
おもしろくない宿題を
勧めても、嫌がるだけ

NG

OK

OKの理由　ごほうびがあることを伝えて、
やる気を引き出している

みなさんご自身の子ども時代を思い出しても、自分の意思とは関係なく無理矢理やらされることは、やりたくないものがほとんどだったのではないでしょうか。宿題を自ら進んでやるというのは、なかなか難しいものです。

ですから、**低学年ぐらいまでは、親が一緒にやってあげるといい**でしょう。そして、「終わったらおやつにしよう」「早く終われば遊べるよ」などと、宿題のあとに楽しいことが待っているといいですね。大人でも、対価があるから仕事をがんばれるものです。子どもたちにも、がんばったらごほうびがあっていいと思います。それは決して、ものだけではありません。「よくがんばったね」というお母さんお父さんのほめ言葉も、子どもにとってはとてもうれしいごほうびです。

親と一緒に宿題をすることが習慣になっていくと、そのうちに子ども一人でも宿題をやれるようになっていくと思います。この子たちは一度身につけたことは、きちんと守ろうとするので、よい習慣を身につけてさせてあげたいものです。

まとめ

宿題をする習慣が身につけば、子ども一人でも宿題をやれるようになります。

困ったときは、こうしました！お母さんたちの体験談

Dさん

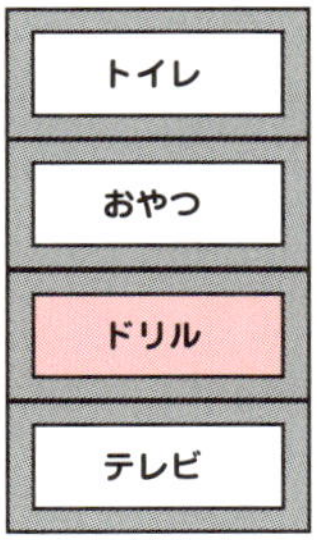

スケジュールの中にドリルの時間を作って

幼稚園のときに、勉強の習慣をつけておいたほうがいいと聞いたので、１日の予定の中にドリルの時間を作って、それが終わったらごほうびにキャンディーをあげるというのを続けていました。

１カ月ぐらいで習慣が身についたら、キャンディーがなくても机に向かえるようになりました。

本当にできないときは、調子がよくないときなので無理にはやらせないのですが、「宿題はやらなければいけない」という本人の意思が強いので、朝、必死になってやっていたりします。

ケース8 園や学校へもっていくものを準備してくれない

チェックリストを見せながら、親が一緒に準備を

小さいうちは、発達障害のあるなしにかかわらず、準備などを自主的にやるのはやはり難しいと思います。はじめのうちは、ほとんど親がやってあげるのでかまいません。

この子たちは、目で見えるものに親和性を感じますから、絵カードやチェックリストなど、見て確認できるものを見せながら、「明日は国語だね」「教科書入れよう」「ハンカチだね」などと短い言葉で具体的な声かけをしながら、一緒に準備をしていくといいでしょう。

できれば、前日の夜にやってしまうほうが時間がかけられるのでいいと思います。

NGの理由

言葉だけで指示されても
何を準備していいのか
わからない

OKの理由

準備すべきものを
目で見て確認できるように示している

一緒にやれば忘れものもほとんどしなくて済みます。

それでも、ときには忘れものをしてしまうこともあるでしょう。ケースバイケースですが、可能なら、忘れものは親が届けてあげるといいと思います。実体験がわかりやすい子どもたちなので、余裕があれば、一度家に戻ってきて、忘れたものをもち直して行くという方法がより効果的だとは思います。ですが、実際はそこまでやる余裕はないと思いますので、できる範囲でかまいません。

発達障害の子どもたちに、「忘れないようにしようね」ということを伝えるのはなかなか難しいところがあります。否定形の言葉は意味がとりづらいですし、「もし忘れちゃったら困るよね」というような仮定的な内容は伝わりにくいです。「ハンカチをもっていこうね」「リストにあるものを準備するよ」と、**何をしたらいいのか、してほしい行動を具体的な言葉で伝える**ようにすると、伝わりやすくなります。**伝えるときは必ず目で見て確認できるものを併用する**ようにしてください。

まとめ

親が準備を手伝ってあげると、忘れものもほとんどしないのでラクですよ。

困ったときは、こうしました！
お母さんたちの体験談

忘れものは親の責任と思って準備を手伝って

Cさん

「ルールは守りたい」と思う子たちなので、もちものの準備は、親が手伝ってあげていいと思います。とくに小学校１年生ぐらいのころは、学校でも「忘れものは親の責任」と指導されました。

翌日の準備をするときは、子どもが混乱しないようにすることも大事だと思います。そのため、毎日もって行くものがあっても、ランドセルから荷物をすべて出させるようにしました。そして、リストを見ながら、次の日に必要なものを入れさせるようにしていました。

忘れものは届けています

Aさん

下の子が１年生のころ、忘れものをしたときに学校で「お母さんめ！」と怒ったらしいんです。

そのとき担任の先生が「それは違いますよ、自分でちゃんと確認をしなかったからですよ」と言ってくれていた、ということがありました。

２年生になって、今は忘れものはほとんどなくなりましたが、重要なもので気がついたものがあったら、届けてあげるようにしています。

Cさん

もちものや、すべきことは、目に見えるように

　息子が低学年のころは、もちものチェックリストを作り、毎日、息子と一緒にチェックしていました（左ページ参照）。

　また、登校後、息子１人でも忘れずに荷物を机の中に片付けられるように、ランドセルを開けると目につく場所（下図のピンクの箇所）に手順表を貼り、リマインダーとして使用していました。

- □ ①ランドセルの中に　入っている物を　つくえの中に出す
- □ ②ランドセルの中に、　ぼうし　と　うわぎを　入れる
- □ ③ランドセルとてさげを　ロッカーに　入れる
- □ ④れんらくちょうを　先生に出す
- □ 　おしたく出来ました！！！

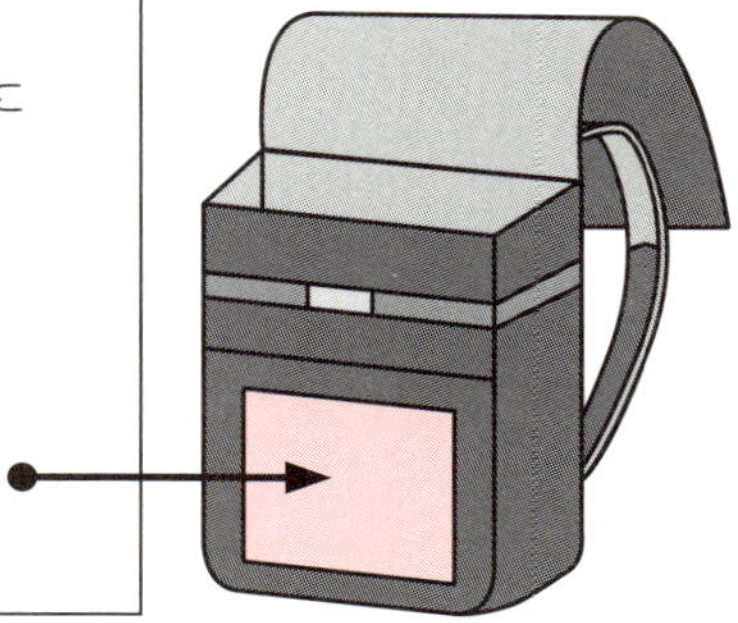

↑実際に使った手順表

まいにち　もってくるもの

□　きいろいぼうし
□　こうつうあんぜんワッペン
□　はんかち
□　ちりがみ
□　ランドセル

□　ふでばこ
□　　　えんぴつ　５本
□　　　あかえんぴつ
□　　　あおえんぴつ
□　　　けしごむ

□ したじき
□ じゆうちょう　（よいこのうと）
□ きょうかしょ（がくしゅうにあわせて）
□ のうと（がくしゅうにあわせて）

□ きゅうしょくぶくろ（きゅうしょくがある日）
□　　　ナフキン
□　　　口ふき
□　　　ますく
□　　　コップ
□　　　はぶらし

□れんらくぶくろ

↑実際に使った、もちものチェックリスト

ケース9 園や学校に行くのを嫌がる

無理強いせずに「お休みする?」と様子を見て

園や学校に行きたがらないというのは、何かしらその子なりの理由があると思うので、無理強いしないことが一番です。とくに通い始めのうちは、休み休み行くとか、遅れてしまうのを認めてもらえるように、あらかじめ先生にお願いしておくといいでしょう。ときには、一日おきなどにして通えるようになったという子もたくさんいます。それは、発達障害がある子もない子も同じです。

「行きたくないの?」というような否定形の言い方は、この子たちにはわかりづらいですから、「お休みする?」などの肯定的な言い方で、短く具体的な言葉をかけてあげたほうがいいでしょう。

NGの理由
行きたくない理由を
言葉にするのが難しく、
質問されても答えられない

NG

OK

OKの理由
理由を詮索しないで
肯定的な言葉をかけている

どうして行きたがらないのか、その理由を探るのはなかなか難しいところがあります。とても具体的な理由があれば言えることもあるのですが、この子たちにとって、気分や思いといった目に見えないものを言葉にするのは、とても難しいことなのです。

その子の普段の様子との違いから探ったり、日ごろから園や学校の先生と連絡を密にとるようにして理由を相談してみたりして、それでも理由がわからないときは、そっとしておいてあげるほうがいいと思います。

また、**発達障害の子どもは、体調が悪くても、その不調を自分で感じにくいところがあります**。活発に動いているけれど、何かいつもと違うなと思って熱をはかってみたら38度以上の熱があった、などということもめずらしくありません。

園や学校へ行きたがらないとき、体調に問題ないか、といったことにも、普通の子以上に大人が気を配ってあげることが必要です。

まとめ

普段から子どもの様子を見て、いつもとの違いに気づいてあげましょう。

困ったときは、こうしました！
お母さんたちの体験談

Aさん

ぽろっとこぼす言葉を聞き逃さない

言葉にならないことがほとんどですが、ときどきぽろっと「行きたくないな」と独り言のようにつぶやくことがあって、そういうのを聞き逃さないようにすることが大事だと思います。

発達障害の子は、直接親に自分の思いを伝えたり、人に相談するというような感覚も弱いのだと思います。

Dさん

休んでも「悪い子」ではないと伝えて安心させて

幼稚園の年長のときに、通っていた療育のグループでトラブルがあり、辛い記憶がフラッシュバックするようになってしまいました。そうなると、パニックになって、とても行けるような状況ではなくなるのですが、本人に聞くと「行く」と言うんです。

あるとき理由を聞いてみたら、「行かなかったら、僕は悪い子になってしまうから」という答えが返ってきました。通うことが決まっているものに行かないのは「悪い子」なんだと思ったようです。

それで、「今日は療育はお休みして幼稚園に行こう。これはお母さんが決めたことだから、悪い子になりません」と伝えたら、とてもホッとした顔をしていました。

しつけ・マナーに関すること

「ほめて伸ばす」と頭ではわかっていても、遊び終わったおもちゃを片付けなかったり、人が並んでいる列の途中に割り込んだりする様子を目にすると、「この子の将来のために叱らなければならない！」と、つい思ってしまうものです。

では、こうした子どもの問題行動に、親はどう対処すればいいのでしょうか。「どうして？」と思ったら、まずは行動理由を考えてみてください（左ページ参照）。三つの理由のどれに該当するかを考えて、対応方法を試してみましょう。

お子さんの反応や変化を見て、効果があるようなら、その行動を維持できるように、「できたらほめる」を繰り返してみてください。時間はかかるかもしれませんが、必ず望ましい行動を身につけられるはずです。

どうして？

↓

行動理由

わからない

・言われている内容がわからない
・どう行動したらいいのかわからない

→ **対応方法：わかるようにする**

・大人がお手本を見せる
・子どもにもわかる言葉を使う

単なるうっかり

・気が散って忘れただけ

→ **対応方法：うっかりをなくす**

・気が散らない環境を作る

わざとしている

・自分に注目してほしくて気を引くために
・以前よいことがあった経験をもとに

→ **対応方法：わざとの理由を知る**

・子どもとしっかり向き合い、話し合う時間を作る

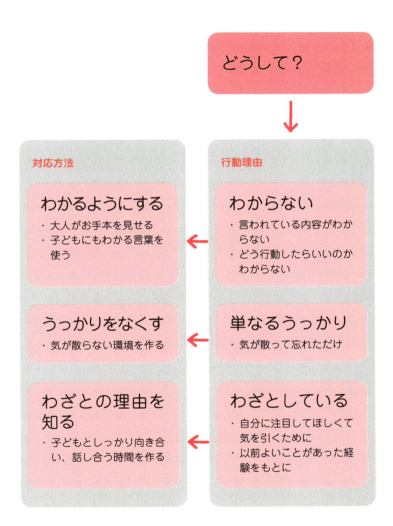

ケース1 汚い言葉を使う

何も反応しなければ、いずれ使わなくなります

子どもが、乱暴な言葉や下品な言葉などをわざと使うのは、まわりの反応をおもしろがっているのです。ですから、そこで親が「そんな言葉はダメ！」とか「やめなさい」と過剰に反応するのは逆効果です。

その言葉を聞いても何も反応せず、無視をしたり、聞こえないふりをすればいいと思います。

反応するうちは、子どもはおもしろがって、その言葉を使い続けるでしょう。

言葉というのは通じないとおもしろくないですから、反応がなくなれば、そのうちに子どものほうも、その言葉は使わなくなります。

NGの理由

過剰に反応すると、
その反応をおもしろがって、
ますます使うようになる

NG

OK

OKの理由

過剰に反応せず、その言葉に対する
思いや考えを真剣に伝えている

ただ、どうしても言ってほしくないような言葉を口にするようなときは、「その言葉、お母さんは嫌い」「その言葉を使ったら、お母さんは悲しい」と、1～2回程度、真剣な表情で穏やかに伝えたらいいと思います。ただし、子どもに伝えたあとは、もう子どもがいくらその言葉を使おうとも、まったく耳を貸さないことです。

子どもがこうした言葉を使うときは、「新しく覚えた言葉を使いたい」という欲求が潜んでいます。覚えた言葉を自分で使って試してみて、獲得していこうとするプロセスをたどっているのです。嫌な言葉や汚い言葉などを使っていたとしても、言葉に対する子どもの興味・関心を汲み取って、頭ごなしには叱らないようにしてください。**子どもがしっかりと成長している証しだととらえて、あまり深刻に考えすぎない**ことです。

こうした言葉を使うのは、どんな子どもでも一時的なものですから、いずれ使わなくなる、と大らかにかまえていればいいと思います。

まとめ

深刻にとらえず、汚い言葉を使えるまでに成長したことを喜んで。

困ったときは、こうしました！
お母さんたちの体験談

Bさん

親の表情で、
よくないことなのは察します

汚い言葉の多くは小学校で覚えてきました。

本人はけらけら笑いながら、その言葉の意味もわからずに使っていることがほとんどだと思います。

汚い言葉を使っているのが聞こえてきても、こちらがまったく表情を変えないで接していると、何かよくないことを口にしてしまったんだな、というのはわかるみたいです。

Aさん

正しい言い方に変換して
言わせます

そういう言葉を言ったときは、「使っていいときと、いけないときの区別を、君はつけられません」と言い切って、必ず注意しています。

ゲームをしながら、「コノヤロー」「ふざけんなよ」と言ったときは、「はい、ストップ。今のは違います」と言って、言い直せるものは、正しい言い方に変換して、一度言わせてみるようにしています。

この子たちは、人からどう見られているのかを想像できないので、「そうやってその言葉を何回も使っていると、まわりの人はあなたをとても嫌な人だと思いますよ」と具体的に伝えるようにしています。

ケース2 食べものの好き嫌いが多い

単なるわがままではないと理解し、無理強いしないで

嫌いなものを食べるように無理強いする必要は、まったくありません。子どもが「もういらない」と言うのなら、余計な心配はせずに、「もうおしまいね」「ごちそうさまだね」と、さっさと片付けてしまって問題ありません。

この子たちは、私たちとは少し違った感覚をもっていますから、**食感の違いなどでどうしても食べられないものがあります**。とくに、ざらざらとした舌触りなどを嫌がる傾向があり、野菜が嫌いな子は多いです。どちらかというと、味覚よりも触感の違いのほうに敏感で、フルーツでもバナナのような滑らかな舌触りなら大丈夫だけれども、イチゴのプチプチした触感はダメな子もいます。

NGの理由

子どもが食べられない
理由を理解しようとせずに
無理強いしている

OKの理由

残していても無理強いせずに
片付けている

また、はじめてのものに対して不安を感じやすいところもある子どもたちなので、そのときは食べられなくても、見慣れてくれば、そのうちに食べられるようになるかもしれません。でもここで無理強いして、嫌なイメージがついてしまうと、もう見向きもしなくなってしまうでしょう。

彼らの特性を理解し、単なるわがままで好き嫌いをしているというふうには、とらえないであげてほしいと思います。決して怒ったり、イライラしたりしないことです。とにかく、**子どもたちが食べたいものを出してあげて、食事が楽しい時間になるように**心がけてください。

なかには、白米しか食べないとか、特定の食べものにこだわるという子もいるでしょう。いずれ食べられるようになる、という大らかな気持ちで、今はその子が好んで食べられるものを出してあげていいと思います。足りない分は、おやつや次の食事で補ってあげればいいことです。

まとめ

小さいころは食べられなくても、いずれは食べられるようになります。

困ったときは、こうしました！　お母さんたちの体験談

Aさん

食べさせるときは様子を見ながら

調理法を変えて出したら、なんとかなるものもありますが、ダメなものはダメだし、今まで食べられたのにダメになるものもあります。単純なわがままじゃないところがあるので、これは様子を見るしかないのかな、と思っています。

ときどき新しい食べものにチャレンジさせたりはしますが、無理強いさせてしまうと、食べたものを全部吐いてしまうんです。

今は大きくなってだいぶ減りましたが、幼少期はちょっとがんばったりすると、すぐ吐いてしまっていました。外食のときなどは、とくに困りました。

Cさん

給食で問題が起きないように、先生としっかり意思疎通しておく

意外と、色や形など見た目にこだわるので、自分の知らない食べものは苦手です。自分の食べるものを自由によそう形式だと、知らないものは食べる前からよそわない、または少ない量しかよそわないことが多くなるので、新しい味を試すのは、ちょっとハードルが高いです。

でも、発達障害の子どもは、真面目でルールを守ろうとするので、給食も全部食べようとします。あらかじめ減らすことができれば全部食べられますが、下手をすると、無理に食べて具合が悪くなってしまうことがあります。そこは、先生としっかりコミュニケーションをとっていくことが大切だと思っています。

ケース3 食べる姿勢が悪く、食べものや食器で遊ぶ

ときどき「まっすぐ座ろうね」と声をかけて

脳の多様な機能を、同時総合的に働かせるのがうまくいかないのが発達障害の特性です。そのため、体の動きを思う通りにコントロールできなくて、どうしても姿勢が悪くなりがちです。動きのぎこちなさは、食事のときの姿勢だけではなく、かけっこをするときや、ボールを投げるときなど、あらゆる場面で見られます。

姿勢がよくないなと気がついたら、「まっすぐ座ろうね」などと、ときどき声をかけてあげて、姿勢に意識が向くようにしてあげるといいですね。

けれども、特性上、姿勢が悪くなってしまうのは、仕方がないことなので、一度や二度注意しただけですぐに姿勢よく座れるようになるとは思わないことです。

NGの理由　具体的に何をどう直せばいいのかがわからない

NG

OK

OKの理由　してほしい行動を具体的に指示している

食べものや食器で遊ぶというのは、必ずしも姿勢が悪くなっていることとは関係がないかもしれませんが、投げたり、机の上からわざと落としたりするようなら、さっさと片付けてしまえばいいと思います。そこで親がイライラしたり、叱ったりして、食事自体が子どもに嫌なものという印象を与えてしまうことのほうが、ずっとマイナスの影響が大きいです。

今はまだじっくり座って食べられなくても、いずれはちゃんと座って食べられるようになります。ただ、脳の機能をコントロールする力が弱いため、普通よりも少し時間がかかってしまうかもしれません。

小さいうちは、できないことがどうしても目についてしまいますが、訓練してそこばかりを直そうとすることは、かえってできるようになるのを遅らせることになるでしょう。子どもを信じてじっくりと待つことが、できるようになるための一番の近道なのです。

まとめ

根気強く「してほしい」行動を伝えていくと、必ずできるようになります。

困ったときは、こうしました！
お母さんたちの体験談

Bさん

注意してもやめられないなら、片付けてしまう

食べもので遊ぶのはよくないことなので、遊ばないように注意して、それでもやるようなら片付けます。

食事のマナーは、きちんと伝えてあげたほうがいいと思います。

食事中に息子が歌を歌ったときは「楽しいね。何の歌かな～？　でもお食事が終わってから歌おうね」。足を立てて食べたときは「お食事中は、足を下ろそうね」などのように、注意するだけでなく、してほしい行動を具体的に伝えるように心がけています。

ケース4 遊んだおもちゃを片付けない

「片付けよう」と声をかけ、お手本を見せて

子どもが片付けないときは、必ず親も一緒に片付けてあげましょう。やりたがらないことを一人でやらせるということは、一番難しいことです。できれば、**どのおもちゃをどこに片付けたらいいのかがわかるように、おもちゃの置き場所に絵を貼ったりするといい**です。この電車はここへ置くんだな、ということが目で見て確認できると、この子たちはそれをちゃんと理解して、置いてくれるようになります。

親が声をかけるときは、「さぁ、片付けよう」という言葉がけでかまわないのですが、この子たちには「片付ける」という言葉の意味の理解が、少し難しかったりします。「出ているおもちゃを、絵のついている棚のところに置いてね」と、具体

NGの理由　片付けるとは、どうすればいいのかが具体的にわからない

OKの理由　「片付ける」という言葉の意味を、お手本を示しながら教えている

的に指示してあげたほうがわかりやすいです。あるいは、片付け終わったところを写真に撮っておき、それを見せて、「こういうふうになるように片付けよう」と言ってみるのも、「片付け」の意味を伝える一つの方法です。

それでも、やりたがらないことをやらせるのは、なかなか大変です。あるお母さんは、子どもが片付けないとき、その子の手の届かない高いところに、おもちゃを片付けてしまうと言っていました。決まった場所にちゃんと片付ければ、自分で出して遊べるけれど、片付けをさぼると遊べなくなってしまう状況を作ったのです。すると、ちゃんと片付けるようになったそうです。これが最善かどうかわかりませんが、子どもに片付けさせる一つの方法ではあります。

しかし、やはり一番の方法は、「片付けしよう」と声をかけて、親が一緒に片付けてあげることでしょう。そして、だんだんと子ども一人で片付けるほうが増えていく、というのが自然にできていくといいですね。

まとめ

子どもがしたがらないことをさせるには、親が一緒に手伝うのが一番です。

困ったときは、こうしました！
お母さんたちの体験談

Dさん

ゲーム感覚で片付けに誘います

「10数えるうちにやろう」と言ってカウントダウンをすると、ゲーム感覚で楽しくやってくれます。できたらハイタッチでほめると、ご機嫌です。

幼稚園のころは「片付け」の意味がわからなかったのですが、場所によっても片付け方が違うので理解できなかったようです。

そこで、「①出ているものを箱に入れる」「②箱を棚に戻す」「③残っているゴミを小さいほうきで掃いて、ゴミ箱に入れる」、これが「片付ける」だよ、というふうにカードを作ってあげたら、やってくれるようになりました。

「元の場所」という言い方もわからないようなので、しまう場所に番号を振って「1番のところにしまって」「1番から6番までちゃんとある？」というふうに伝えればわかりやすいと思います。

Bさん

伝えるときは、一つずつ具体的に

幼児のころは、「ママと一緒に片付けようね」と誘って、「折り紙はこの箱に入れてね」と具体的に言うようにしていました。指示するときは、「折り紙はここ、クレヨンはここ」と一度にあれこれ伝えると混乱してしまうので、一つひとつ伝えます。

幼いうちに片付ける習慣が定着してしまえば、あとがラクになるので、早くから教えてあげたほうがいいと思います。

今では、「○○を片付けるよ」と、ちょっと後押しするように言葉をかけてあげれば、自分でできるようになりました。

ケース5 玄関に靴を脱ぎ散らかす

玄関に足形を貼り、揃える場所を指定して

子どもというのは、家に帰って楽しいことが待っていれば、そちらに気をとられてしまいますから、靴を揃えるということまで気が回らなくて当然です。これは多くのお母さんお父さんが困っていることの一つかもしれません。

けれども、発達障害の子どもたちは、一度覚えたことは、真面目にきちんと守ろうとしますから、玄関で靴を脱いだらきちんと揃えることを、ちゃんと教えてあげると守ってくれます。

言葉で言うよりも視覚的な情報のほうがわかりやすいので、玄関の靴を置いてほしい場所に足形を描いたものを貼っておき、「帰ったら、ここに靴を揃えるよ」と

NGの理由
どこに靴を
置いていいのか
わからない

OKの理由
靴の置き場所が一目でわかるように足形
を貼り、そこに置くように指示している

いうことを見てわかるようにしておくと、比較的すぐに覚えてしまいます。

とはいえ、大人でも何かに気をとられていたら、つい靴を揃え忘れてしまうように、子どもにだって靴を脱ぎ散らかしたままにしているときはあります。ちょっと忘れただけでしょうから、あまり厳しく叱ったりはしないであげてください。

そんなときはその子を呼び止めて、脱いだ靴を指差して知らせたり、「あれ、靴は？」などと短い言葉で、その子が思い出せるようなヒントを与えてあげるといいでしょう。それでもできないときは、まだ靴の揃え方をきちんと覚えられていないということですから、お母さんが手をとって、丁寧に教えてあげてください。

また、やってほしいと思うことを教えるときは、できたときに「よくできたね」「きちんと揃えると気持ちいいね」と、できたことをきちんとほめてあげることが大切です。**ほめられることで、子どもはそれが望ましい行動だということが理解できるので、行動が定着していきます。**

まとめ

子どもが望ましい行動をしやすい環境を作り、できたらほめてあげましょう。

困ったときは、こうしました！
お母さんたちの体験談

Bさん

靴を見せながら言うと伝わりやすい

靴が散らかっているときは「靴忘れてるよ」と声をかけますが、それでも聞かないようなら、子どものところへ行って、手を引いて玄関のところまで連れてきて、実際に靴を見せるようにしています。ときには、靴を子どものところへもっていき、靴を見せながら言うと、意識が向きやすくていいと思います。

出先などで足形がないようなところでは、私が隣で靴を揃えて見せて、真似をさせるようにしていました。

定着するまでに時間はかかりますが、気長にやっていけば、ちゃんと覚えてくれるようになりますよ。

Dさん

「今日は何番線に止めますか？」

電車が好きなので、玄関のタイルのマス目を使って、「今日は何番線に止める？」と言ってあげると、「お母さんは３番線にして」などと楽しんで靴を揃えています。

たまに乱れているときは、「あれ？　脱線してるよ」などと声をかけると、「大変だ」とあわてて直しに行きます（笑）。やはり、好きなことに結びつけてあげると、覚えるのも早いですね。

それを応用して、テーブルに座っているときに、足をブラブラさせるのを防ぐため、イスの足を置くところに大好きな「ドクターイエロー」の写真を貼ったら、喜んで足を乗せてくれました。

ケース6 並んでいる人の間に割り込もうとする

絵本なども使い、ことあるごとに「並ぶ」ことを教えて

すでに並んでいる人がいれば、目で見てわかりますから、「同じように並ぼうね」と言って、親が子どもの手をとり列の最後に連れて行って、順番に並ぶことが必要だと伝えていけばいいでしょう。

「並ぶ」ということは、発達障害の子どもにも比較的理解しやすいので、できれば事前に絵本など見せながら、「電車でもバスでもお客さんは並びます」ということを伝えてあげられるといいですね。

どんなことでもそうですが、**1回や2回言えばわかるとは思わずに、折に触れて、何度も何度もわかるように教えてあげてください。**

NGの理由　具体的に
どうすればいいのか
わからない

NG

OK

OKの理由　「順番に並ぶ」とはどういうことなのかを、
目で見て理解させている

ただ、「割り込みはいけない」ということは、なかなか理解することは難しいかもしれません。これは、並ぶことを教える以上に、根気強く教えてあげることが大切です。決してイライラしたり、叱ったりせずに、穏やかな口調で伝えてあげてください。親がイライラしてしまうと、子どもの中にはピリピリした雰囲気ばかりが残ってしまって、理解するのにかえって時間がかかってしまい逆効果です。

心がけてほしいのは、「割り込みはダメ」というふうに、やってはいけないことを伝えるよりも、やってほしいことを伝えることです。「ここに並ぶんだよ」と、具体的にやってほしいことを日々伝えるようにしてください。**否定形ではなく肯定形で**、と日ごろから意識していると、親のほうも上手に変換して伝えられるようになってきます。

いずれ必ずわかるようになるときが来ますから、子どもを信じて、じっくり待ってあげるのも、親としては心がけたいことです。

まとめ

やってはいけないことではなく、やってほしいことを肯定的に伝えましょう。

困ったときは、こうしました！
お母さんたちの体験談

Dさん

注意することは必要ですが、子どもの行動理由も考えて

習い事が一緒の、近所に住む小学４年生の発達障害のお友だちの話です。習い事に行くまでに電車の乗り換えが１回あるのですが、その子のお母さんが忙しいと言うので、うちの子と一緒に習い事へ行くことにしました。

ある日、列の一番うしろに並んで電車を待っていたら、電車のドアが開いた途端、その子が一人で走って行って、一番最初に電車に乗り込んでしまったんです。

割り込んだことを注意すると、「僕は一緒に行きたいと思っていないから、もう一人で行く」とムキになって言い返してきて、気まずい雰囲気になってしまいました。

でも電車を降りてふと見たら、いつも一人で先に行ってしまうような子なのに、横に一緒にいてくれたんです。なので、「今日は一緒にいてくれてありがとう」とほめたら、機嫌も直り、楽しくその日を終えることができました。

次の週に会ったときに、「あなたのことは大好きなんだけれど、ルールは守らないといけないからお願いね」と改めてお願いしました。

乗り換えのとき、また割り込んで行こうとしていたのですが、「順番を守って」とちょっと声をかけたら、ちゃんと列のうしろに戻って乗ることができました。すごくほめてあげたら、「別に、たいしたことじゃないよ」と言いながら、本人も満足そうでした。

よくよく考えてみたら、割り込んでしまうのは、電車に乗り遅れたらどうしよう、と不安だったからかもしれません。それを頭ごなしに注意してしまったのは、とてもかわいそうだったな、と思いました。

ちょっと接し方を変えると、こちらにもゆとりができて、気づけなかったことに気づいてあげることもできるんだな、とすごく反省しました。

ケース7 病院や図書館などで静かにしていられない

事前にどんな場所かを伝えておきましょう

発達障害の子どもたちは、想像力を働かせることがうまくできないので、場の空気を読んだりすることも苦手です。まったく理解できないわけではありませんが、**場違いな行動をしてしまうのは、彼らの特性上、仕方がないところがある**というのを、まずは理解してあげてください。

病院や図書館に着くまでは楽しくおしゃべりしていたのに、そこに着いた途端、お母さんやお父さんから「静かにしなさい！」などと怒られたりしたら、子どもは意味がわからなくて、混乱してしまうでしょう。

できれば、病院や図書館へ行く前に、そこがどんなところか話しておいてあげる

NGの理由　何に対して怒られているのかわからない

OKの理由　場所を移動して落ち着かせてから、してほしいことを具体的に伝えている

といいですね。絵本などを使って、具体的に目に見えるもので確認しながら、楽しく伝えられると、よりいいと思います。

実際に病院や図書館で静かにしていられないようなときには、まず「静かにしようね」と、穏やかに伝えることです。それでも、過度に騒いでしまうときは、何か不安を感じているのかもしれません。はじめての場所では、とくに不安を感じやすい子どもたちです。できれば、その子が落ち着ける場所に、いったん移動して、気持ちが落ち着いてから、もう一度、静かにしなければいけない場所なんだ、ということを、丁寧に教えてあげてください。

マナーを教えるときに大切なことは、「騒いではダメ」「おしゃべりはダメ」と**ダメなことを伝えるのではなく、してほしいことを具体的に伝える**ことです。そして、静かに過ごせたようなときは、「静かにできたね」と、できたことをうんとほめてあげるようにするといいでしょう。

まとめ

場の空気を読むのが苦手なことを、まずは理解してあげましょう。

困ったときは、こうしました！お母さんたちの体験談

Aさん

「まわりの人がどう思っているか」を伝える

うちの子はよく「知らなかったんだ」と言います。なんでも悪気があってやっているんじゃないんですよね。

この子たちは、まわりにどう見られているか、ということがわからない子たちでもあるので、マナーなどを伝えるときは、まわりの人がどう思っているか、ということも伝えるようにしています。

また、できて当たり前のことができないのが発達障害です。当たり前のことでもきちんと教えてあげて、できたらほめてあげる、というのが大事だと思います。

Bさん

ルールを守らせるために、ごほうびを

ルールを守らせるために、ときにはごほうびをあげたりもしていました。「これをくれないとやらない」というふうになるんじゃないかと心配に思ったりもしたのですが、お世話になっている心理の先生から「大人でもお給料をもらえるからがんばれる」というお話をされて、大丈夫なのかなって。

大切なのは、子どもと約束をしたことは、それを守るために親も最大限の努力をする、ということだと思います。その結果、子どもが親を信頼して、その親の言葉が子どもにとっては魔法の言葉になるんだと思います。

ケース8 何度注意しても同じことをやめない

子どもとしては「同じ」という認識はないものです

まず、同じことができる状況を作っておいた、〝大人〟のほうが反省するべきだと私は思っています。たとえば、何かものを投げてしまうというのなら、そういうものは置いておかないことです。

子どもとしては、「どうしていつも同じことをするの！」と言われたところで、「同じ」という認識はないと思います。**発達障害の子どもは、全体をとらえるのが苦手なので、ちょっとした違いで、まったく違ったものに感じてしまう**からです。

親としては、「何回言ったらわかるの！」と、つい出てしまうかもしれませんが、**子どもにとっては、すべてはじめてのこと**、というふうに考えてみましょう。

NGの理由

何度も言われている
認識がなく、怒られている
理由もわからない

NG

OK

OKの理由

頭ごなしに叱らず、子どもの思いを
汲み取って、望ましい行動を伝えている

してほしくないことを何回もしていたとしても、**その都度止める**ようにしてください。そして、**どうしてほしいのかを強調して伝える**ようにします。

これは、何かを子どもに教えるときの鉄則と思ってください。繰り返しになりますが、やってはいけないことを伝えるのではなく、やってほしいことを具体的に伝えるのです。

もし、注意したら激しく抵抗するようなら、落ち着くまでの間は、何か言葉をかけても届かないことがほとんどです。できればどこか落ち着けるところに移動して、話が聞けるようになるまで待ってあげるといいでしょう。

子どもが激しく抵抗するときは、何かしらの子どもなりの理由があるはずです。子どもの中に、欲求が満たされない思いや、自分のつらさを理解してもらえないことへのイライラがあるのかもしれません。頭ごなしに叱るのではなく、その思いを汲んでやりながら、してほしい行動を穏やかな口調で伝えてあげましょう。

まとめ

「してはいけない」ことが「できない」ように環境を作るのが、親の役目です。

困ったときは、こうしました！
お母さんたちの体験談

Dさん

思いに共感したうえで、正しい行動を伝えます

激しく抵抗するようなときは、静かな場所に連れていき、「つらかったの？　○○だった？」と、想像がつく範囲で聞いてみて、理由を探るようにしています。

「そうだよね。それはつらかったね」と共感してから、でも「○○すると、みんなに迷惑だよね？」と伝え、「今度は○○したらいいんじゃない？」と正しい行動を伝えます。

言われている内容がわかると、子どもはときに反省して泣くこともあります。

穏やかに、わかるように伝えてあげることが大事なんだと思います。

Aさん

困った行動は、サインの可能性も

叱っても効果がないときは、何か原因があるかもしれないので、できるだけそれを突き止めるようにしています。困った行動は、ヘルプを求めるサインの可能性もあるからです。

困った行動に対して、その都度、正しい行動を伝え続けることは大事だと思います。

困った行動が繰り返されたとき、叱りつけてはいけないとわかってはいても、ついイライラして、「何度言ったらわかるの!?」と、怒ってしまうこともあります。

以前、「何回言ったと思ってるの!?」と怒る私に、冷静に「えっと、6回目」と答えられてしまったことがありました（笑）。

注意・関心の向け方に関すること

発達障害の子どもの注意・関心は、一点に集中しやすく偏りが見られます。そして何かに没頭すると、他のものが見えなくなる傾向があります。

私たちは、同時にたくさんの情報を処理することができますが、発達障害の子どもは注意・関心の幅が狭いので、一度に一つのことにしか取り組むことができません。そのため、遊んでいる最中に声をかけられても、なかなか気づかないということが起こります。

その一方で、発達障害の子たちは、関心のあることに対しては「我を忘れて夢中になれる」ほどのすばらしい集中力を見せます。

関心の対象は、文字やマーク、乗りもの、恐竜、パソコンなど、子どもによって様々ですが、これらは、楽しく取り組んだり、意欲が高まる動機づけになります。そして、なによりも子どもが好きなことなので、子ども自身がリラックスできます。好きなこと・楽しいものの存在はとても大切なことで、自信や将来の生活にもつながっていきます。

発達障害の子どもは「気が散りやすい」「集中できない」と言われますが、それは単に「大人が集中してほしいことに集中していない」というだけのことです。周囲の期待するものに集中できる子ではなくても、自分の関心のあることに時間を忘れるくらい夢中になれるのなら、その分野では人より一歩抜きん出ているはずですし、それが将来の仕事に結びつく可能性だってあります。

発達障害の子には、必ず人より優れている部分があるものです。できること・できないことのバランスは悪いかもしれませんが、できない部分が気にならなくなってしまうほどに、できる部分を上手に伸ばしてあげればいいと思っています。

ケース1 目が合わず、呼びかけても無反応

目の前に行って、短い言葉で呼びかけて

こちらに振り向きもしないほど遊びに没頭しているようなときは、よほどのことがない限り、呼びかけないであげてほしいものです。

ただ、どうしても呼びかけなければいけない用事があるときは、その子の目の前に行って、短い言葉で、あるいは、絵カードなどを見せて、呼びかけるようにするといいでしょう。話し言葉だけで済まそうとはしないことです。彼らに**話しかけるときは、視覚的な情報を一緒に使って働きかける**ようにしてください。

耳からの情報に鈍感な子どもたちですから、いくら呼びかけながらであっても、背後から肩を揺すったりすると、いきなり揺すられたような気がして驚いてしまい

NGの理由　背後から
体に触れて呼びかけることは
子どもを驚かせるだけ

NG

OK

OKの理由　視線の中に入り、子どもの関心を利用して
気を引き、呼びかけている

ます。とくに、発達障害の子どもたちは触れられることが苦手な子もいるので、体に触れて呼びかけるようなことは避けましょう。やはり、目からの情報から意識を向けて行くのが一番安心できると思います。

目の前に行っても無反応なときは、目に入るものが、その子の関心を示すようなものではないのかもしれません。その子の関心を示すようなものなら、意識を向けるはずですから。今は話しかけないでほしい、無視したい心境なのかもしれません。

また、この子たちは、人と目を合わせることも苦手です。無理に顔を押さえつけて「ママを見なさい」とやっても、目だけ違う方向を見ていたりすることもあります。**人と目を合わせることは彼らにとっては大きなストレス**なのです。

そういう行為は、彼らにとっては嫌な思いしか感じられませんから、無理に目を合わせる必要はありません。ちゃんと話は聞いているので、目が合わなくても大丈夫です。

まとめ

目が合わなくても話は聞いているので、気にしなくても大丈夫です。

困ったときは、こうしました！お母さんたちの体験談

Aさん

目線を合わすことにこだわらない

よく「話を聞くときにはこっちを見なさい」と言ったりすると思うのですが、発達障害の子の場合は、目を合わせようとすると、見ることに一生懸命になってしまって、話の内容がわからなくなってしまうみたいです。だから、目線を合わすことに、こだわらないほうがいいのかな、と思います。

また、うちの子の場合、無反応で無表情のときは、疲れているときが多いです。呼びかけても何か夢中でやっているときとは違って、魂が抜けているような感じです。

Dさん

目を合わせないのは、独特なものの見方のせいかも

以前、幼稚園で子どもがお母さんの顔を描く機会があったのですが、そのとき私はモデルとして座りながら、子どもが描いている様子を見ていました。

そうしたら、首もとあたりから描いていくんです。「なんでそこから描くの？」と聞いたら、「お母さんと言ったら、ネックレスでしょ」と言われました。「このネックレスをほかの人がしてたら、お母さんだと思う？」と聞いてみたら、しばらく考えて、「わからないけど、間違えるかも」と言われて驚きました。

５分ぐらいしたら「やっぱり間違えないかもしれない」と言い直してきましたが、この子たちは独特なものの見方をしてるんだな、と思ったできごとでした。

描き上がった似顔絵も、何か福笑いみたいな顔で、輪郭からちょっと目がはみ出しているような絵でした。

うちの子も基本的にあまり人の顔を見ませんが、もしかすると、ものの見方が影響しているのかもしれません。

ケース2 注意散漫で集中して座っていられない

集中できるような環境なのか見直しを

人はたいてい楽しくないと座っていられないものです。とくに発達障害の子の場合は、その傾向が顕著で、関心がないものをがまんしてやるのは苦手です。逆に好きなことにはものすごく集中するところがあり、その落差が大きいのが特徴です。

学校などで集中して座っていられるように、ということであれば、その子が関心をもてるように課題を工夫することが必要でしょう。

また、この子たちは音や光、皮膚感覚など、さまざまな感覚機能において、敏感だったり鈍感だったりと、私たちの感じるレベルとはかなり差があることを考慮してください。

NGの理由　情報が多すぎると、
気が散って、
一つのことに集中できない

NG

OK

OKの理由　余計な刺激をシャットアウトして、
集中できる環境を整えている

たとえば、耳からの情報を聞いて理解するのは苦手でも、私たちが普段意識しないような小さな物音がとても過敏に聞こえてしまったりするのです。あるお子さんは、友だちの私語が気になって授業に集中できなくて困ったそうです。

また、視覚的な情報なら得意なので問題ないと思われがちですが、そこにたくさんのものが描かれていたりすると、情報が多すぎてどこを見たらいいかわからない、ということもあります。ですから、絵カードを用意するときも、単純なピクトグラムのような絵のほうが彼らにはわかりやすく、背景にいろいろと映り込んでいるような写真はあまりふさわしくありません。

この子たちは、**ただ注意散漫というのではなく、たくさんの情報がいっぺんに入ってきてしまうので、集中することができない**のです。このことを理解してあげてください。とくに不安やストレスが増しているときほど、感覚が過敏になる傾向もあるようです。

できないものはできないと認めてあげる

注意・関心の幅が狭い発達障害の子どもに、「みんなと同じように、できるようになりなさい」と望むことは、酷なことです。

甘やかしてはいけないからといって、「できない」ことを「できる」ようにさせようとすると、劣等感ばかりが強くなり、子どもの人格を壊してしまいかねません。「できない」ことについては、厳しく叱りすぎないことです。

得意なことはがんばれば、よくできるようになりますが、苦手なことは、どんなにがんばっても限界があります。限界のあることに時間や労力をかけるのは、時間の無駄だと思います。

子どもの弱い部分を修正しようとするのではなく、弱い部分が気にならなくなるほどに、強みを上手に伸ばしてあげる発想で、子どもの育ちを見守ってあげてください。

まとめ
関心の偏りや感覚の違いなど、子どもが集中できない理由を理解してあげて。

困ったときは、こうしました！お母さんたちの体験談

Dさん

授業中つらくなったら保健室へ行くように

学校生活でつらくなったら、苦しくなる前に教室を出るように、日ごろから話しています。

休み時間や体育の時間は問題ないのですが、授業となると一緒にいるのがつらいことが多いようです。

息子に聞いてみると、先生のていねいな授業の説明だと情報量が多すぎてパンクしてしまうことや、家でやっている勉強と授業のレベルが合わないので授業に集中できないことを言っていました。

また、授業に集中できていないこともあって、上の階の別の学年の授業が聞こえてきて、全部混ざってしまってすごく気持ちが悪いそうです。

苦しくなるといろいろ問題行動を起こして、ほかのお友だちに迷惑をかけてしまうので、席に座っていられないときは、保健室に行って、自分のもってきたドリルなどをやらせてもらえるように、学校の先生たちにはお願いしています。

高機能自閉症ならではのことだと思うのですが、今はまだあまりいい状態では学校に行けていないので、どうしてあげるのがいいのか悩んでいるところです。

Aさん

行動の意味を理解できないことがストレスに

この子たちは、どうしてそういうことをするのか、意味の理解ができないことに、とてもストレスを感じていると思います。

下の子の場合、「学校とはどんなところなのか」から始まって、「学校にきたら課題があって」…と根気強く教えていったことで、１年経ってから、やっといろいろわかってきたようです。

小学校に入学したばかりのころは、朝礼に出なければいけない、ということもわからなかったんです。

それで、朝、先生に手を引かれて渋々出たようなのですが、朝礼中に、やおら立ち上がって、「校長先生の言葉は心に響かない。なのに、なんで聞かなきゃならないんだ！」って文句を言ったらしいんです…。

普通の子なら、校長先生のお話を聞きましょうと言われたら、話を聞くのはかったるいなと感じつつも、そういうものだと思って聞けますが、発達障害の子たちにしてみれば、一つひとつがストレスなんですよね。

今は、１年生のときのことを思い出して、「僕がそういうことをすることで、まわりに迷惑をかけるということがわかった。だから、僕はがんばるんだ」って言っています。

一見、問題行動と思われるようなことも、全部その子たちなりの理由があるんですよね。そのつらさは理解してあげたい、と感じています。

ケース3

危険な状況でも遊びに夢中

真剣に注意すれば、ちゃんと伝わります

まずは、**大人の落ち度で危険なことができる状況を作っていないかを見直してみてください。**どうしてもそういう状況を作らざるを得ないときは、目を離さない、それぐらいの覚悟が必要です。

ただし、気をつけてはいても、やはり危険なことや、取り返しのつかないような事故につながりそうな状況は起こります。そうした場面では、有無を言わさず止めなければいけません。

とっさの場合は、親も大きな声を出してしまったり、厳しい口調になってしまって、遊びに夢中になっている子どもをびっくりさせるかもしれません。

NGの理由　大声で叫んでも
子どもを驚かせるだけ

NG

OK

OKの理由　子どもに近寄り
望ましい行動を具体的に伝えている

しかし、真剣に子どもの命を守ろうという姿勢があれば、お母さんは自分のことを考えて注意してくれたんだ、ということは、ちゃんと子どもには伝わるものです。

安全が確認されてから、「大きな声を出して、びっくりさせてごめんね。でも○○は危ないよ」と、わかりやすい言葉で、穏やかな雰囲気で伝えるようにしてください。そして、本当はどうすればよかったのか、正しい行動を必ず一緒に教えてあげるようにしてください。

話した内容をすべて一度に理解できているかどうかはわかりませんが、繰り返し伝えていくことが大切です。

私の経験からすると、発達障害の子どもには比較的、高いところに登ることが好きな子が多いように感じています。今まで落ちたという話を聞いたことはありませんが、このことを念頭に置いて、家の中や周辺で危険なところがあれば、そこには登れないように、いろいろと工夫しておくようにしてください。

まとめ

注意をしたあとで、本当はどうすればよかったのかを必ず伝えましょう。

困ったときは、こうしました！
お母さんたちの体験談

Bさん

毅然とした態度で叱れば伝わります

子どもが危険なことをしたときは、目を見て、手を取って、強く怒るようにしています。道路に出そうになったとか、お友だちにひどいことをしそうになったときなど、子どもが状況を理解していなくてケラケラ笑っているようなときでも、頑として譲らずに、毅然とした態度で叱ります。

たしかに、この子たちに「○○してはいけません」というのは伝わりにくいのですが、危険なことをしている場合には使ってしまいます。

子どもも、本当にしてはいけないことをしたんだな、ということはわかっていると思います。

Aさん

子どもに近づいてから言葉をかけます

発達障害の子どもたちは、甲高い声でキーキー言われると、ノイズにしか聞こえないので、耳を塞いでしまったり、ヒステリックになってしまったりします。

この子たちを注意するときは、できるだけ低い声で、ささやくように言ったほうが通じやすいです。

ただし、すぐにでも止めなければいけないようなときは、可能な限り、私が子どものそばまで近づいて行って、子どもの手をとって言葉をかけるようにしています。

column

道を歩くときの危険さを、どう教える？

発達障害の子どもたちは、想像する力が弱いですから、「もし」という世界が苦手です。

それでも、車道に出るときや横断歩道を渡るときは、もし自動車にぶつかってしまったらとても怖いんだ、ということは、きちんと伝えてあげる必要があると思います。

絵本を使ったり、ときにはニュースの映像を見ながら、目で見えるようにして、外を歩くときのルールなどを日ごろから伝えていくことが大切です。

絵本を使う場合、この子たちはページのつながりを理解するのが苦手ですから、ストーリーを追って伝えようとすると、なかなか伝わりません。交通ルールなどを伝えるときは、一つの場面を見て理解できるような絵本を選ぶようにしましょう。

困ったときは、こうしました！
お母さんたちの体験談

Bさん

恐怖心をつけることも大事

道を歩くとき、白線が引いてあれば、「白線の中に入ります」、段差がある歩道なら「ここから下りません」「ここを歩きます」というふうに、具体的にどうすればいいのかを伝えるようにしています。

それでも、慣れてきて少し気がゆるんできたなと感じるときは、大丈夫そうなところで、少しだけ押してみたりして、わざと脅かします。そして、「嫌だよね？」と教えると、また、道路の端に寄って歩くようになります。

本当に危険な場面では、恐怖心をつけておくことが大事だと思うので、真剣な表情で危なさを伝えるようにしています。

A さん

ニュースの映像で恐さを知らせる

「危ない！」ではわからないので、「端に寄る！」というような声かけをしています。

テレビのニュースなどで事故の映像が映ったときに、「車に気をつけなかったらこうなるんだよ」ということを日ごろから話しておきます。

そのうえで、実際に道を歩いているときに、じゃあ、具体的にはどこを歩くべきなのか、というのをその都度教えていく、という感じです。

ニュースの映像はリアルなので、恐いというのがよく伝わるみたいで、便利に活用させてもらっています。

C さん

叱っているのは「子どもの行動」。「子ども自身」ではない

実際、親はわが子のプロですが、人として、あるいは親として完璧ではありません。

そのため子どもを叱らなければならない状況に直面することも多々あります。

その時に必要なのは、叱っているのは「子どもの行動」であり、「子ども自身」ではないと意識することだと思います。幼児～低学年の頃は、そのことを意識して子どもに伝えるようにしていました。

発達が遅れているので、たとえば「○○しよう」「お母さんは、あなたが好き」「○○はダメだから叱る」などのように、できるだけわかりやすくシンプルに伝えることを意識しました。

高学年の今も基本は変わりませんが、低学年までは「道路に飛び出すのはダメ」だったのを、高学年以降は危険についての説明などを加えて、「道路に飛び出すと車にぶつかってケガをするよ」に変えました。

こうした配慮を子どもが理解できているかどうかはわかりませんが、子どもを否定しないように、子どもが自己肯定感を下げないように、発達に合わせてわかりやすく伝える意識をもつことは大事だと思っています。

ケース4 テレビをダラダラ見ていたり、ゲームばかりしている

時間を決めて、約束が守れたら、うんとほめて

これは発達障害の子どもに限ったことではなく、どの子どもにもあることです。たしかに、発達障害の子の場合、一つのことに集中しすぎるところはありますが、最近では大人でさえも、こういったことはあると聞きます。

大切なのは、どこのご家庭でもやっていることかもしれませんが、テレビやゲームができる時間をあらかじめ決めて、子どもときちんと約束をすることです。この子たちは、目で確認できる情報のほうが通じやすいので、時計などを使って終わりの時間をあらかじめ確認できるようにしておいて、時間がきたら「もうおしまいだよ」と穏やかな口調で伝えるといいでしょう。

NGの理由　終わりの時間がいつなのか具体的にわからない

OKの理由　タイマーを見せて、終わりの時間を確認できるように伝えている

望ましいことを習慣づけるには、できたことをほめてあげるといいですから、時間を守ることができたら、うんとほめてあげてください。あるいは、約束を守れたら、子どもが大好きなおやつなどを用意して何か楽しいことが待っているというふうにしてもいいと思います。

可能であれば、**テレビやゲームではないもので、子どもの関心や喜びが見つけられるようにすることが一番**です。そのためには、やはり家の中ばかりにいたのでは難しいと思います。日ごろから、公園に行ってみたり、散歩を楽しんだりできるといいでしょう。テレビを見せないように、とまでは思いませんが、テレビやゲームよりおもしろいものが何もないというのでは、さびしいと思います。

まだ小さい子どもなら、お母さんやお父さんと一緒におもちゃで遊ぶとか、一緒に絵本を見るなどでもいいのではないでしょうか。おうちの方と一緒にできる、ということは子どもにとって、とてもうれしいことです。

まとめ

親と一緒にできて、子どもが楽しめる遊びを、他に見つけてみましょう。

困ったときは、こうしました！
お母さんたちの体験談

Aさん

時間を決めてタイマーをセット

わが家でゲームをするときは、小さいときから時間を決めてタイマーをかけてしているので、比較的ちゃんと守ってくれます。

テレビがついていると、意識がそちらに向いてしまうので、普段からテレビをつけたままにしているようなことはありません。

子どもがタイマーをごまかそうとしたこともありましたが、そこはきちんと叱って、ゲームができる時間を減らすなどのペナルティーを与えました。

Dさん

よい行動をしたら「チケット」をもらえる仕組みに

わが家では1日30分までという上限時間を決めていて、ルールが守れなかったときは、1週間禁止という約束です。以前に守れなかったことがあって、本当に1週間、テレビやゲームは一切やらせませんでした。

いきなり「1週間禁止」ということを言ったら大変なことになったと思いますが、最初から約束してあったことなので、本人はすごく反省していました。

さらにわが家では、いろいろな「チケット」というのがあって、ほしいおやつなども、そのチケットと交換する約束になっています。そのときによって課題は違うのですが、お手伝いや、学校で乱暴なことをしなかったなど、課題をこなせたら、チケットがもらえる仕組みです。

ときにはボーナスを出したりもするので、どんな行動がいいのかを息子自ら考えるようになりました。

ケース5 絵本の読み聞かせをしても、関心を示さない

言葉かけよりも、興味・関心のある絵本を選ぶことから

自分の興味がない絵本を見せられて、「ちゃんと見て!」などと言われたら、どんな子どもでも絵本を見ることが苦痛に感じられてしまうでしょう。まずは、**その子がじっくり見てくれる本を探す**ことが一番です。どういう本だと、この子は興味・関心をもつことができるのかをしっかりと見極めることから始めてみてください。

電車や車のような乗りものが好きな子なら、図鑑のようなものから始めてみてもいいでしょう。ときには、すでに馴染みのあるテレビアニメを本にしたものでもいいのです。絵本というものが、何か楽しいものだ、というふうに子どもが思えることが大切です。

NGの理由　興味がない本を見るように強要されても苦痛なだけ

OKの理由　子どもの興味・関心のある本を用意して読みたい本を子どもに選ばせている

発達障害の子の場合、ページをめくるごとにストーリーが展開していくような物語の絵本は、理解するのが少し難しいところがあります。**ページをめくってしまうと、前のページのことは頭の中から消えてしまって、今めくって出てきたページだけが自分の頭の中にある**といった感覚なのです。そのため、ページを超えていろいろなお話が続いているような絵本の場合、なかなか連続性をもってストーリーを理解するのが難しいのです。

ですから、物語の絵本を選ぶときも、最初のうちは場面ごとにお話が完結しているようなものから入るといいと思います。

また、この子たちは文字を読めるようになるのが比較的早い子が多いので、文字を読んであげるところから、絵本に親しんでいくのもいいですね。自分一人で読んでいるときがあっても、もちろんいいと思いますが、お母さんお父さんと一緒に楽しめる時間があるというのは、子どもにとってとてもうれしい経験となるでしょう。

まとめ

絵本が楽しいものだと思えるように、子どもの理解にあった絵本を選んで。

困ったときは、こうしました！ お母さんたちの体験談

Bさん

一緒に文字を楽しむことから

文字が好きなので、子どもがもってきた絵本を、文字をなぞりながら一緒に読んだり、絵を指差しながら読むと、結構関心を示して聞いてくれていました。

親としては絵本に興味をもってもらえたらいいな、という思いがあったので、エリック・カール（代表作に『はらぺこあおむし』偕成社）の作品のような絵のきれいなものなどを見せて、子どもに興味をもたせるようにしていました。

小さいころから、そのような絵本を見せていたせいか、色のきれいなものは今でも大好きですね。

Dさん

好きなものから漢字を覚えて 文庫も読めるように

子ども自身が関心がないものはダメなので、幼稚園の先生が読み聞かせをしてくださっているようなものは、全然聞いていなかったと思います。

うちの子は文字が大好きなのと、電車が好きなので、駅名から入って結構難しい漢字も覚えていってしまったんです。そこから、童話などもだんだん読めるようになっていきました。

幼稚園の頃は、内容が理解できていたのかはわかりませんが、漢字辞典を好んで見ていました。今では、青い鳥文庫の文庫本にはまっています。

コミュニケーションに関すること

発達障害の子どもたちは、相手の気持ちを読みとることが苦手なので、意図せず相手を傷つけてしまうことがあります。

自閉症傾向にある子どもは、人とかかわりたがらないと思われがちですが、実は人とのかかわり方がわからなくて近寄ろうとしないだけです。かかわったときに、どんな反応が返ってくるのかわからないから不安なのだそうです。

しかし、人とのかかわりは将来生きていくうえで避けて通れないことです。

あいさつをする、悪いことをしたらあやまる、お礼を言う、要求を言葉で伝えるなど、こうした生活を円滑に行うためのコミュニケーションスキルは、身につけておかないと、社会生活を送るうえで、自分もまわりの人たちも困ってしまいます。

こうしたスキルは、集団から外れたり、ほかの子から非難されたりしないように、幼児期から教えていく必要があります。すぐに身につくものではありませんので、さまざまな場面で親がお手本を見せるなどして、繰り返し時間をかけて伝えていくといいでしょう。

また、この子たちはお友だちとトラブルを起こしがちです。発達障害の特性にある、相手の気持ちを推測するのが難しいことが原因です。

ただ、この子たちは相手の嫌な気持ちを推測できなくても、自分にとっての嫌な気持ちはわかります。ですから、自分の気持ちと重ね合わせて、相手の気持ちを理解させていくと伝わりやすくなります。

たとえば「あなたが、このおもちゃをとられたら嫌じゃない？」「○○ちゃんも嫌なんだよ」と伝えます。一度の説明で理解するのは難しいと思いますが、繰り返し伝えることで、いずれは理解できるようになりますから、そのときを信じて待っていてあげてください。

ケース1 「ありがとう」「ごめんなさい」が言えない

自然に出てくるまでは、親が代わりに言ってあげて

あいさつができるかどうかは、個人差があります。けれども、それは少し早いか遅いかといったことなので、どちらが良い悪いといったことは考えずに、あいさつができるようになるまで待ってあげてください。どんな子もいずれはできるようになりますから、無理に言わせる必要はありません。

発達障害の子どもたちは、相手の気持ちを想像することが難しいので、「ありがとう」「ごめんなさい」の本当の意味を理解するまでに、いくらか時間がかかります。その子が言えないうちは、親が代わりに「ありがとう」「ごめんなさい」と言ってあげればいいと思います。

NGの理由

相手の気持ちや、言葉の
意味が理解できないので、
何をしていいのかわからない

NG

OK

OKの理由

子どもに無理に謝らせずに、
親が謝り方のお手本を見せている

相手の前で「ありがとうでしょ！」と言うのではなく、お母さんやお父さんが、お手本を示してあげる気持ちで、子どもの代わりに「ありがとう」と言ってあげてください。そして、何回かに一度ぐらいでいいので、その場面が終わったあとに、相手とは離れたところで、「『ありがとう』って言えるといいね」「『ごめんなさい』って言えるとよかったね」と、そっと伝えてあげるといいでしょう。

その度ごとに、毎回くどくどと言う必要はないと思います。十分に理解できていないところに、くどくどと言われたのでは、子どもはあいさつすること自体が嫌になってしまいかねません。

親の方は、きちんとしつけなければ、という思いがありますから、つい「どうして言えないの！」と厳しく言いたくなるかもしれませんが、そのように言っても過度に緊張するばかりです。穏やかに接するように心がけてください。

親は訓練士ではなく、子どもを保護してあげる存在であればいいのです。

まとめ

子どもがあいさつの意味を理解するまで、焦らず待っていてあげましょう。

困ったときは、こうしました！ お母さんたちの体験談

Bさん

促して子どもからの返事を待つ

　普段からのやりとりが大事だと思うので、私が子どもに何かをあげるときは、「はい、どうぞ」と言ったら、子どもから「ありがとう」が返ってくるまで、少し待つようにしています。

　それでも、返ってこないときは、「ありがとう、だよね」とさりげなく言葉を添えて教えています。

Cさん

親が子どもの前で言い続ける

　経験上、親が「ありがとう」「ごめんなさい」と言わないお子さんは、障害の有無に関係なく言えないと思います。

　だから、親が子どもの前で言い続けることが大事だと思っています。

　家族同士だとなかなか言葉にしないこともありますが、わが家では、夫がティッシュをとってくれたら「ありがとう」、ちょっとぶつかったときも「ごめんなさい」と、小さなことでも声に出して言うようにしています。

　また、親が子どもに伝えることも大切だと思います。たとえば、子どもがトイレの電気を消せたら「ありがとう」と言ってあげるのもいいですね。

Aさん

「あ」の文字だけで気づくことも

　ものをもらっても「ありがとう」が言えないときは、「『ありがとう』言おうか」と促します。

　最初の「あ」だけ言うと、子どもがハッと気づいて言ったりもします。

「ごめんなさい」の場合は、なぜ悪いのかがわかっていないことが多いので、その場では親が謝って、本人が落ち着いてから話をします。相手がどういう気持ちか、本人の行動をまわりの人が見てどう思うかなどを客観視できるように教えます。

　最近は、私の話を理解して、後悔して泣くことも多いです。

　落ち込みすぎてしまうこともあるので、あまりくどくど言わず、「わかったら、この話はおしまい。あなたはもうこんなことはしないよね。それでもう大丈夫だよ」と暗示をかけるように言っています。

　子どもがしばらくネガティブなことを言っていたりすることもありますが、あとは放っておきます。そして気持ちが戻ってきたところで、「大好きだよ」とハグしてあげたりしています。

column

寝起きが悪くても、あいさつを交わすことが楽しいと思えるように

発達障害の子どもの中には、朝「おはよう」と言えない子がいます。

子どもから「おはよう」の返事が返ってこなくても、「返事は？」と返事を催促したり、近くに行って顔をのぞき込んだりということは、しないほうがいいと思います。その子にとってあまり気持ちがいいものではないはずですから、気持ちよくあいさつができることを大事にしてください。

また、発達障害の子どもたちは、あいさつの意味を理解するのが難しいところがあります。言葉そのものがもっている具体的な意味よりも、あいさつを交わすことで感じられる気持ちのつながりみたいなものを、まずは優先してください。その子自身が、あいさつを交わすことが楽しい、と思えることがもっとも大切なことです。

そのうちに、だんだんとあいさつの意味も理解できるようになっていきます。

朝が苦手という子の場合、まず一つには、当たり前のことですが、前の晩にできるだけ早く休むということが大切です。そのためには、親も一緒に早く寝るように心がけてください。早く寝るのが無理なら、いったん寝たふりをするのでもいいでしょう。

そして、もう一つは、昼間の生活が楽しいものであればあるほど、朝の目覚めもよくなるということです。大人でも、生き甲斐のある仕事をしている人のほうが、朝の目覚めはいいのではないでしょうか。その子にとって楽しい生活を送れているか、昼間の生活をもう一度、見直してみてください。

この二つは、発達障害に関係なく、子育てで大事にしてほしいことです。今日１日、楽しいことが始まる予感がすれば、楽しいあいさつもできるようになるはずです。

ケース2 口ごたえが多い

真に受けて対抗すると親子のバトルに

口ごたえはよくないことだと、親が押さえ込んでしまうようなことは、望ましいことではありません。「おお、こわい、こわい」などと言って、子どもの気持ちを上手に紛らすようにするといいでしょう。子どもの口ごたえをまともに取り上げて、それに対抗しようとはしないことです。親も感情的になってガミガミ言ってしまっては、子どもの口ごたえもエスカレートするばかりです。

口ごたえができるということは、親子の信頼関係がしっかりと築けていることの表れです。親の愛情をしっかりと感じられて、子ども自身が自分の気持ちをそのまま出しても大丈夫だと思えるからこそ、口ごたえをしてくるのです。

NGの理由　親が感情的になると子どもも感情的になる

NG

OK

OKの理由　口ごたえを軽く受け流している

ですから、口ごたえはよくないことだと押さえ込んでしまっては、親の前ですら子どもが素直に感情を表現できないということになりかねません。

口ごたえができるまでに成長したことを心のどこかで喜びながら、子どもと向き合うことができれば、あまりイライラと感情的にならずに、口ごたえを受け止められるようになるのではないでしょうか。

発達障害の子どもの中には、聞くことは苦手でも、話すことは比較的無理なくできる子が多くいます。口が達者すぎて困るほど、おしゃべりが大好きで、誰にでも話しかける子もいたりします。

この子たちには衝動性があるため、人の話が終わらないうちに出し抜けに話し出したり、話題を急に変えてしまうなどの言動も多々見られます。

まわりにいる人たちは、彼らのこうした特性を理解して接してあげてください。

まとめ

口ごたえできるだけおしゃべりが達者になった、と成長を喜んであげて。

困ったときは、こうしました！
お母さんたちの体験談

D さん

いったんは無視して、クールダウンさせる

　口ごたえが止まらないときは、「黙るまでしゃべりません」と言って、しばらく無視します。でないと、ヒートアップしていってしまうので、一度間を開けて、クールダウンさせたほうがいいと思います。

　こちらが黙っていると、子どもも「あ、まずいな」と察するようで、そのうち静かになります。

　落ち着いたところで、「話ができるようになった？」と、まず声をかけてから、こういうふうに思ったんだね、という感じで、気持ちを受け止めてあげるようにします。そのうえで、「でもね…」と、ここがよくなかったよね、というふうに話していきます。

　話をするときには、子ども自身を否定しない、ということに気をつけています。「あなたのことは嫌いではないよ。でも、この方法はよくなかったんだ」ということを伝えるようにしています。

　やりとりのあとに、いいことをしたり、ちゃんと理解してくれたら、しっかりほめてあげることも心がけています。

　そのままにしておくと、嫌な気持ちばかりが残ってしまうと思うので、100％理解させようとは思わずに、65％ぐらいわかってくれたら、もうそれでいいかな、と思うようにしています。

ケース3 ウソをつく

「本当のことは知っているよ」というニュアンスで

ウソの内容にもよるのですが、大切なのは、**子どもを追いつめてはいけない**ということです。厳しくウソを叱るのではなく、〝あなたが言っていることは本当のことではないのを知っているよ〟というニュアンスの言葉を、その場の状況に合わせて上手に伝えられるといいと思います。何が正しい、正しくないと白黒つける必要ありません。

発達障害の子は、自分の頭の中で考えたことと現実の区別がつきにくいことがあります。言っている内容が非現実的であっても、本人的にはウソをついているという自覚はありませんから、「そうなんだ」と受け止めてあげましょう。

NGの理由

子どもがウソをついていると
頭ごなしに決めつけて
追い詰めている

OKの理由

ウソをついていることを追及せず、
受け止めている

ときには、「でも○○じゃなかったっけ？」と、さりげなく確認してもいいですね。

また、叱られないようにしようと、自分の立場を守りたい思いから、ウソをつくこともあります。これは、人間のもつ正常な防衛本能です。この場合も、ウソをつく必要があったという、子どもの気持ちを汲み取ってあげることが大切です。

ウソをついてはいけない、とは一般的に言われることですが、ウソという定義もなかなか難しいところがあります。本当でないことがウソであるなら、人に対してお世辞を言ったり、冗談を言って笑わせたりすることも、ウソということになってしまいます。人を傷つけるウソはダメだけど、人を喜ばせるウソはＯＫということを、この子たちが理解するのは、なかなか難しいところがあります。

ただ、ウソをついていると、まわりの友だちとのトラブルに発展することもあります。一つひとつのケースに対して、それを言われた相手の気持ちなどを代弁してあげながら、ついてはいけないウソについて根気強く教えてあげてください。

まとめ

人を傷つけるウソはダメだと、理解できるまで教えてあげてください。

困ったときは、こうしました！
お母さんたちの体験談

Cさん

感情的にならずに事実を説明させてみる

うちの子の場合、たとえば、お菓子を取っていたのに、「取ってないよ」と明らかにウソだとわかるようなことを言ったときは、「あれ？　何個あったっけ？」などと、感情を含めないで事実を説明させてみます。

すると、「ごめんなさい」と素直に謝ったりします。

Dさん

「そうなんだ」としらじらしく質問する

うちの子の場合は、「へぇ〜、そうなんだ」「それで？」としらじらしく質問すると、本人が笑ってしまいボロを出します。

普段から、「お母さんはあなたの味方だから、お母さんには本当のことを言って」ということは伝えています。悪いことをしたときも、注意はしますが、否定しないようにして、信頼関係を大事にしています。

ケース4 同じ年ごろの子どもと遊ぼうとしない

一緒にではなくても、友だちのそばで遊べるような配慮を

同じ年ごろの子どもと遊ぶことは、3~4歳ぐらいの子どもには、まだ難しい場合もあります。とくに発達障害の子たちは人への関心が弱いところがありますから、なかなか一緒に遊べません。ですから、そこは無理強いしないであげてください。

まずは、友だちのそばで、自分は好きな遊びをしているという「平行遊び」から始めてみましょう。一緒には遊んでいなくても、みんなの中で楽しく遊べるようになることで、次第に同じ年ごろの子どもに興味を示すきっかけがつかめるはずです。

そこで大切なのは、**親や、園や学校の先生が、その子と友だちの間を上手に橋渡ししてあげる**ことです。

NGの理由

子どもの気持ちを
無視して、親の希望を
優先している

OKの理由

子どもが友だちに興味をもちそうなことを
さりげなく言葉にしている

たとえば、砂遊びをしているとき、「〇〇ちゃん、大きいのを作ったんだね」などと、お子さんに声をかけたとしたら、別のお友だちが遊んでいるのを見て、「わぁ、△△ちゃんは、こんなおもしろい形のを作ったんだね」などと、さりげなく言うのです。お母さんお父さんが関心をもったことを、ありのまま言葉にすればいいと思います。すぐにその子が興味を示すことはないかもしれませんが、なんとなく聞いていて、何かのきっかけでいずれは興味をもつことができるようになっていきます。

友だちと一緒に遊ぶことを「協調遊び」と呼びますが、発達障害の子どもの場合は、自分のことをやりながら、相手はどう思うか、というのを同時に考えながら行動することが難しいですから、協調遊びがなかなか成立しないところがあります。

また、協調遊びの場合、友だちが一緒に遊んでくれないと、遊びが成り立たないところがあります。友だちの中には、お世話好きな子がいたりするので、その子に仲介役などをお願いしてみるのも一つの方法です。

まとめ

時間はかかっても、時期が来れば同じ年ごろの子にも興味を示します。

困ったときは、こうしました！ お母さんたちの体験談

Bさん

無理強いせずに、時期を待つ

うちの子は、知的レベルが高くないので、小学校時代はお友だちと遊ぶことはほとんどありませんでした。いつもは弟と遊んでいます。

それでも、今は中学校が大好きで、いつもニコニコしながら通学し、学校ではたまにお友だちと遊んでいるようです。なので、とくに無理強いせず、時期を待ってもいいのかな、と見守っています。

Aさん

みんなが愛してくれるから苦しい!?

上の子は、お友だちに興味がないわけではないのですが、一人で遊ぶことのほうが多いです。コミュニケーションの仕方がわからないので、お友だちとかみ合わなくて、一緒に遊ぶのはなかなか難しいところがあるようです。だから私も、無理に仲良くしなさい、というようなことは絶対に言わないようにしています。

下の子は、交流学級※の子どもたちとの給食の交流が大嫌いなようです。みんなが気をつかって話しかけてくれるみたいなんですが、本人にしてみたら、それがすごく迷惑で、本当は一人でいたいらしいんです。

「みんなが僕のことを愛してくれるから苦しい」と本人は言っています（笑）。

※交流学級とは、特殊学級に在籍している子どもが、一部教科の指導や給食などの時間に普通学級に参加して、普通学級の子どもと共に活動すること。この交流は、特殊学級の子が普通学級の子と一緒に活動することによって社会性や人間関係を育むことと、普通学級の子どもに障害児への理解を深めることを目的として行われています。

ケース5 友だちに手や足が出てしまう

まずは体が動かないように抱きしめて

年齢によるところもありますが、子どもがお友だちに危害を与えているとき、親がその場に居合わせているような場合は、何か言葉をかける前に、手足が動かないように抱きしめてしまうといいでしょう。

そのあとに、穏やかな口調で「人をたたいてはダメ」などと、できるだけ短い言葉で、やってはいけないことを伝えます。

まだ小さいうちは、使っていたおもちゃを取ってしまった、などということからトラブルに発展したりすることも多いと思います。子どもには悪意があったわけではなく、そのおもちゃがほしいから取ってしまったのです。

NGの理由　何に対して怒られているのかわからない

NG

OK

OKの理由　やってはいけないことを短い言葉で伝え、そのあとに望ましい行動を伝えている

発達障害の子どもは、自分がとられてしまったときは相当怒りますが、自分が奪う側になったときに、相手の気持ちを考えるということができません。ですから、その都度「取っちゃダメ」ということを根気強く教え続けることが大切です。「取っちゃダメ」ぐらいの短い言葉であれば、いけないことをしたんだということは理解できていると思いますが、この子たちは否定形で言われると、どうしていいかわからなくなってしまいます。「ダメ」と言ったあとには「『貸して』って言おうね」など、そのときとるべき望ましい行動も合わせて教えてあげるといいでしょう。「あなただって取られたら悲しいでしょ。お友だちだって取られたら悲しいんだよ」ということを理解できるようになるのは、また次のステップです。それでもいつかは理解できるようになりますから、根気強く教えていってあげてください。

また、相手に「ごめんね」と謝るのも、最初は親が代わりに伝え、だんだんと自分で言えるようになるまで、親がお手本を示してあげるといいでしょう。

まとめ

一度では理解できなくても、根気強く教え続ければ、やがて理解できます。

困ったときは、こうしました！
お母さんたちの体験談

Bさん

まずは手足を抱きしめて静かな場所へ移動する

お友だちに手や足が出てしまったときは、手や足を抱きしめてしまって、まわりに危害が加わらないような静かな場所に連れて行き、落ち着いてから、いけないことだよ、と説明するようにしていました。

ただし、パニック中は、なかなか聞く耳をもってくれませんでしたが。

また、子どもの気持ちが変わるような「もの」や「こと」があれば、それを示して、気持ちを違う方向にもっていくというのも一つの方法かと思います。

Aさん

その行動の結果、どうなるかを知らせる

うちの子の場合、手は出さないまでも、勝ち負けにこだわったりすると、自分が不利になってきたら、かんしゃくを起こしたり、相手を言葉で攻撃するようなことがありました。

その都度、「悔しいね」と、子どもの気持ちに共感しながらも、「でも、ここで怒ったら、このゲームは終わりだよね」「ちょっとがまんしたら、もう１回できるよ」「あまり同じことを繰り返すと、『もう遊ばない』って言われちゃうんだよ」ということは、よく言っています。

悔しいと思う気持ちを、どういうふうに処理したらいいのかを、一緒に考えてあげるといいように思います。

Dさん

やったことの意味を考えさせる

　ある時期、息子がパニックになって、お友だちに手が出てしまうことがありました。家に帰ってから、「あなたのやったことの意味を考えましょう」と言って、そのときあったことを次のように書き出してみました。

ぶってしまった → お友だちが泣いてしまった → お友だちがケガをしてしまった → それが続くと、あなたはみんなから嫌われてひとりぼっちになってしまう → 学校にも行けなくなる → 勉強しないと将来、仕事もできなくなる → お金が稼げないと死んでしまう

　ちょっと極端ではあるのですが、これを見せながら、つながりを話していきました。そのあとで次のように書いて、「どっちがよかった？」と聞いてみたんです。

すごくがんばって保健室に避難をしました → 自分も落ち着くことができ、お友だちにも危害を与えず仲良く過ごせる → 好きなお勉強もできるようになる → 将来は好きな仕事に就くことができ、すごく幸せな未来が待っている

　そうしたら、「こっち（あとのほう）がよかった」と言うので、「でもあなたは、違うほうをやってしまって、みんなはこんな気持ちになったんだよ」というのを、丁寧に説明していきました。

　最後に自分のやったことの意味がわかったときには、「なんてことをしてしまったんだ」と泣いていました。

　ぶつのはいけないということはわかっても、その裏に隠れている意味を理解できていないようなので、少しずつ説明してあげると、だんだんわかるようになるのかな、と思っています。

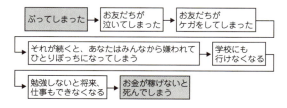

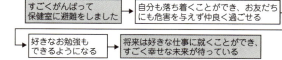

column

ぐずるのは、自分の思いを満たしてほしいというサイン

希望が通らなくてぐずるというのは、自分の思いを満たしてほしいということの表れですから、その気持ちをまずは汲み取ってあげることが大切です。

決して「わがまま言わないの！」などと、厳しい口調で叱ったりすることはしないであげてください。

穏やかな口調で「○○がほしかったんだね」「○○がしたかったんだ」と、その子の気持ちを代弁するような言葉をかけてあげるといいでしょう。

私の経験では、日ごろから子どもの要求を満たしてあげていれば、子どもが無理な要求をしてくることはありません。いつでも要求を満たしてもらえるという安心感がありますから、どうしても今は難しいという親の事情がわかれば、上手に気持ちを切り換えることができます。

逆に、過去に満たされない思いがたくさん積み重なっていれば、それだけ要求もエスカレートしてくるようです。

子どもに心や体や時間をかけすぎて、わがままな子どもになってしまうということはまったくありません。

親にしっかりと愛されているという満たされた思いは、その子がこれから生きていくための自信となっていきます。

ケース6 園や学校からの帰宅後、いつもと様子が違う

「何かあったの？」は一番難しい質問

発達障害の子どもたちにとって、5W1H（いつ・どこで・誰が・何を・なぜ・どのように）の質問が一番答えにくいと言われています。

ですので「何かあったの？」などの聞き方は、その典型のような質問ですから、子どもはどう答えていいかわからなくて困ってしまうと思います。

この場合、その原因を知るためには、園や学校の先生に聞いてみるより仕方がありません。

そして、何か心当たりのあることがあれば、「友だちにぶたれたの？」「友だちとケンカしてしまったの？」などと、具体的に聞いてみることです。

NGの理由

子どもが答えにくい
5W1H の質問をしている

OKの理由

心当たりのあることを
具体的に聞いている

また、この子たちはその独特な感性の違いから、〝ちょっと変わった子〟と見られて、いじめにあってしまうことも少なくありません。担任の先生や保健の先生、仲のいい友だちなど、何か困ったことがあったら「助けて」と言えるような、相談先のようなものを作っておいてあげるといいでしょう。

いずれにしても、**園や学校の先生方と親の間で、上手な連携をとっていくことが大切**です。

さらに、とても基本的なことではありますが、健康面で問題がないかということも疑ってみる必要があります。

この子たちは、とても過敏なところがある一方で、自分の体調の変化などに鈍感なこともあります。何か様子が違うと感じるときは、体調チェックにも気を配ってあげるようにしてください。

まとめ

様子の違いに気づいたら、具体的に理由を聞いて、体調のチェックを。

困ったときは、こうしました！
お母さんたちの体験談

Bさん

理由は聞かずに、とりあえず休ませる

うちの子は、理由を聞いても、よくわからないことがほとんどなので、様子がおかしいときは、とりあえず休ませるようにしています。

そのあと少し様子を見て、本人が痛いところを話したり、具合が悪そうであれば、病院へ連れていきますが、理由がわからないときは、翌日、学校の先生に何か心当たりがないか聞いてみます。

それでもわからないときは、一応、様子には注意しながらも、いずれわかるからまぁいいや、ぐらいの気持ちでかまえていたほうがいいのかなと思っています。

本人が少し不安な様子であれば、抱っこしたりして、安心できるようにしてあげます。

Aさん

リラックスできる場所に連れて行き、落ち着かせる

上の子の場合は、理由を聞いて答えられるときもあるのですが、説明できないことのほうがやはり多いです。

幼稚園のころは送迎時に直接先生に聞いていましたが、学校に行くようになってからも連絡ノートを広げればだいたいのことは書いてあることが多いので、原因がわかればすぐに対処します。

でも、本人がしんどさをなんとか解消するしかないときは、子どもがリラックスできる場所（避難スペース）に連れていくなど、いくつか方法を試してみて、落ち着かせるようにしています。

ケース7 理由がわからないけれど泣いている

理由はわからないままでもかまいません

この子たちの場合、自分が泣いていることが、どういう理由からなのか、自分の中でもつながらないところがあります。ですから、どうして自分が泣いているのかを説明できないこともあるのです。

そんなときは、何が悲しかったのか、問いただしたりする必要はありません。理由はわからなくても、「悲しいことがあったんだね」「泣きたいんだね」と子どもの泣きたい気持ちを、ただ受け止めてあげるだけでいいと思います。

泣きたいぐらいに悲しい気持ちなのに、自分でもよくわからないことを「理由を言わなきゃわからないでしょ」と言われてしまったら、どんなにつらいでしょう。

NGの理由

子ども自身、
理由がわからないので
説明できない

NG
どうして
泣いているのか
言ってくれなきゃ
わからないでしょ

OK
悲しいことが
あったんだね

OKの理由

理由を問いたださず、
ただ子どもの気持ちを受け止めている

もし気持ちが晴れて、何か話せそうな様子であれば、さりげなく「さっきどうして泣いてたの？」と優しく聞いてみてもかまいません。それでもうまく理由を答えられないようであれば、そのままでいいと思います。

この子たちには、つらいできごとを忘れにくい、という特性もあります。嫌なことがあった場所だったり、似たような状況に遭遇したりすると、過去のそのできごとがフラッシュバックして、今さっき起こったばかりのことのように感じられてしまう場合もあります。こんなときは、とくに理由がわからないことが多いです。

子どもは、自分が大切にされているんだという経験をたくさん積むことで、自分に誇りをもち、自立していくことができます。ですから、子どもが泣きたいぐらいの悲しい気持ちを抱えているようなときは、しっかりとその気持ちを受け止めてあげましょう。**悲しいことがあっても、お母さんやお父さんが受け止めてくれるんだ、という安心感を子どもが得られるようにすることが大事**なのです。

まとめ

子どもが泣きたいときの心の拠り所になってあげてください。

困ったときは、こうしました！
お母さんたちの体験談

まずは気持ちを受け止めて

Dさん

まずは、「泣きたくなっちゃった？」「泣きたいよね」と声をかけて、泣きたい気持ちを受け止めるようにしています。

安心できるように、そばにいて、なでたり、抱きしめたり、抱っこしたりして気持ちを落ち着かせ、少し落ち着いてきたらタイミングを見計らって、「○○したかった？」「○○がイヤだった？」のように考えられる原因を聞いてみます。

すると、「そう」と答えてくれることが多いです。

自分の気持ちに鈍感な子も多い

Cさん

この子たちは、人の気持ちがわからないと言われますが、自分の気持ちにも鈍感なんです。

だから、自分がイライラしていたり、悲しかったりということに気づいていないこともあると思うんです。その気持ちがだんだんたまってきて、自分でもわからぬうちに爆発してしまって、パニックになってしまうこともあります。我慢しすぎてしまう子も多いようです。

小さいうちは難しいところもあるのですが、少しずつ意識して、気持ちの逃がし方みたいなことも教えてあげることが必要なのかな、と思います。

ケース8 甘えて、まとわりついてくる

何も言わずに、甘えたい気持ちを受け入れて

基本的には一時の問題ですから、まずは甘えたい気持ちを受け入れて、ぎゅっと抱っこしてあげるといいですね。

「今、忙しいからね」「あとでね」というようなことは、極力言わないであげてほしいものです。

子どもの心がある程度満たされたところで、優しく穏やかな口調で、「お母さん、ごはんの準備をしてくるからね」などと話してあげればいいと思います。また、「○分まで待っててね」などと、見通しをもてるような言葉がけも、ときにはいいかもしれません。

NGの理由

忙しいことを理由に
子どもの甘えたい気持ちを
拒んでいる

NG

OK

OKの理由

忙しくても、拒まず甘えさせて、
子どもの気持ちを満たしてあげている

本来、子どもは自立して行動したがっています。ですから、子どもが甘えたいときというのは、何か不安だったり、さびしかったり、つらいことがあったりして、気持ちを満たしてほしいときなのです。

なかには、一度受け入れてしまったら、ずっと甘えてくるようになるのではないか、自立できない子どもになってしまうのではないか、と心配される方もいるかもしれませんが、そんなふうに心配する必要はまったくありません。

子どもが望んだときにしっかりと気持ちを満たしてあげることで、子どもは望めばいつでも受け入れてもらえるということがわかるので、安心して親から離れていくことができるようになるのです。

甘えたいという子どもの望みは、子どもが「もういい」と思うまで、満たしてあげればいいのです。そうすることで、子どもは安心して、また自分でいろんなことに挑戦してみようという意欲がわいてきます。

まとめ

しっかりと甘えさせてあげることが、自立のための一番の近道です。

困ったときは、こうしました！
お母さんたちの体験談

D さん

まずはとにかく受け入れる

「甘えたくなっちゃった？」「10 だけ抱っこしたら○○しよう」と伝えて、10 秒だけ抱っこしてあげたりしています。

「甘えたくなったら、また抱っこしてあげるね」と伝えると、安心して離れていくことが多いです。

それでも離れられないときは、わざと少し強めにギュッと抱っこしたり、くすぐったりして、子どもが笑いながら逃げていけるようにしています。

A さん

「○時までだよ」と遊んであげる

甘えてまとわりついてくるようなときは、何か理由があるかもしれないので、原因を考えつつ、できるだけかまってあげるようにしています。

「○時までだよ」と少し時間を区切って、一緒に遊んであげたりすることもあります。

B さん

「大好きだよ」と言葉をかける

甘えてきたときは、頭をなでたり、抱っこしたり、ギュッと抱きしめたりして、しっかりとその気持ちを受け入れるようにしています。

また、言葉で「大好きだよ」「愛してるよ」と言って、愛している気持ちをしっかり伝えるように心がけています。

column

発達障害の子が健康で幸福な日々を過ごせるように

発達障害の子どもは、日常生活を習慣的に繰り返す傾向があります。そのため、子どもによい習慣が身についた場合には、好ましい活動に彩られた生活を几帳面に送ることになり、ともに暮らすご家族も、子どもとの生活がしやすくなります。

しかし反対に、習慣化されていない状況や場面になると、発達障害の子どもは何をどのようにすればよいかがわからず、混乱して、途方に暮れたようになり、いわゆる「異常行動」とか「不適応行動」という状態に陥ってしまいます。

たとえば不適応行動の代表的なものに、睡眠障害があります。

睡眠障害などの習慣的な不適応行動を治すには、睡眠薬の調整など、その直前のことだけを考えるのではなく、まる1日、24時間の生活行動全体を考える必要があります。

ご家族のみなさんは、お子さんが夕食後から睡眠に続く生活行動をスムーズに進められるように、お子さんの特性に寄りそって協力してあげてください。

たとえば、入浴や就床などの生活の区切りになるような行動は、絵カードにして示しながら、習慣づけていくといいでしょう。

発達障害の子どもは、聞こえるけれども目に見えない話し言葉よりも、見えたり手で触れられる文字や絵や実物のほうが、ずっと理解や認識がしやすいのです。

そのため、話し言葉を多用しすぎないように心がけながら、見たり触れて理解できるような情報を使って、コミュニケーションをすることが大切です。

発達障害は病気ではなく、治療的に治すものでもありません。

障害を治したり軽減することに心をくだくのではなく、発達障害の子どもが、その特性をもったまま、物理的にも精神的にも“健康で幸福に”遊び、学び、生きていくことができる生活環境や学習環境を作り上げていくことに、私たちは誠心誠意努力していくことが大切だと思います。

発達障害の特性をもちながら、日々を健康に幸福に、学び、働き、生きている人々は、私の身近にも本当に大勢います。

この状況は、発達障害の人々の努力だけでは為しえないことです。

発達障害の子どもや人々の日々の学びや働きは、家庭や学校、職場や社会における多くの人々の理解や協力に支えられているのです。

1 トイレ
2 きがえ
3 かおをあらう
4 かみをとかす
5 カレンダースケジュールかくにん
やったよ

4

「その子らしさ」を大切にする子育てを

わかりやすくて育てやすい発達障害の子どもたち

40年以上の間、臨床の現場でたくさんの発達障害の子どもたちと出会ってきました。彼らは基本的にとてもまじめで素直で勤勉で、私はこの子たちが大好きです。

発達障害の人は、想像力が働きにくいため、人の気持ちを汲み取ったり、場の空気を読んだりすることが苦手です。そのため、まったく悪意なく思ったことをストレートに言葉にします。こう言ったら相手が傷つくといった想像ができないのです。

一見すると不作法に感じるかもしれませんが、彼らが言うことは正直でウソがありません。家族などの親しい人同士でも気を遣って本音が言えず、なんとなくぎくしゃくしてしまう、ということもあるでしょう。そんな中に正直に本音を言ってくれるような子がいると、場が和んで、家族のよいムードメーカーになっているというご家庭もあります。

また、彼らは一度覚えたことはよく守り、まじめに実行しようとします。人にいじわるをするようなこともしません。だから私は、発達障害の子どもというのは、ある意味、とても育てやすい子たちだと思うのです。

人に合わせるのが苦手ですから、集団生活の場などで人に迷惑をかけて困る、ということもあるでしょう。けれども、その思いを探ってみれば、その子にとっては音がうるさすぎて耐えられないとか、状況がわからなくて不安になっているなど、何かしらその子なりの理由があるものです。

普通の子どもと同じようにさせようという気持ちが強いと、言うことを聞かないとか、いつも裏切られたように思えてしまうものです。しかし、これは発達障害の子どもに限ったことではなく、どの子にも言えることです。

親が思うように育てるのではなく、その子のありのままの姿を受け入れて、その子の望んだように育ててあげようという視点や姿勢をもっていれば、もっと子育てがラクになるはずです。

よき理解者の存在が必要不可欠

発達障害の子どもは、私たちとは少し違ったものの見方や感じ方をしています。そのために、なかなかうまくコミュニケーションがはかれず、まわりの人と親しい関係を築きにくいところがあります。

発達障害の子どもたちが、自分のもっている力を十分に発揮して、安定して日々を過ごしていくためには、よき理解者のいる環境が必要不可欠です。

まわりに理解者がいないと、ただわがままで自分勝手な子だと誤解されてしまい、まわりから浮いた存在になってしまったり、否定的に扱われて自分はダメな子なんだ、という劣等感や自己不全感などを抱いてしまったりします。マイナスの感情が強くなると、将来的にひきこもりや不登校などの社会不適応を招きかねません。

また、私たちのほうから、発達障害の人たちの世界に歩みよっていくことも大切です。というのも、発達障害の人たちが、私たちの世界に入ってこようとするには、大きな努力が必要で、そのわりに思うほど成果があがらないからです。

たとえば、「相手の気持ちになって考えましょう」などと幼い子どもたちに言うことがあると思います。けれども、発達障害の子どもたちは想像する力が弱いので、そもそも相手の気持ちというのが想像できません。彼らにとって、人の気持ちを思いやるということを理解するのはとても難しいことなのです。

一方で、私たちは「発達障害の人たちが目に見えないものを理解することが苦手」だということを理解すれば、彼らが理解しにくいことやものを容易に想像できます。そして、絵カードなどの目に見えるものを使ってやりとりをするなど、ちょっとした工夫や努力で、彼らの世界に歩みよることは簡単にできるはずです。

彼らが私たちとは違う世界で生きていることを十分に理解して、彼らが安心して生活できるように手助けしてあげてください。できないことがあっても、「できること、得意なことを伸ばそう」といった考え方で見守ってあげてほしいと思います。

園や学校の先生とも上手に連携を

日常を安心して過ごせるようにするには、園や学校の先生方の協力も不可欠です。子どもの特性を理解し、適切な援助をしてもらえるようにするには、十分な連携をはかっていくことがカギになります。

私たちのような専門家が間に入って、園や学校の先生にその子の様子を伝えることもできますが、**まずは保護者の方から伝えることで、先生方と信頼関係を築いていくのがいい**でしょう。そのときには、「こうしてくれないと困る」というように押しつけがましくならないように、「こんなふうにするといいみたいです」と**情報を共有する気持ちで**話すといいと思います。また、医者や臨床心理士からアドバイスされたことがあれば、まめに情報共有をするようにするといいでしょう。

発達障害の子どもは、みんなと同じようにすることが難しいところがあるので、集団生活の場で、いろいろな困難に直面することもあるでしょう。そのときに、「困ったことがあったら、助けてって言うんだよ」と、クラスの先生や保健室の先生などに、子どもが自分でSOSを出せるような環境を十分に整えておきたいものです。

クラスの友だちにも、先生や保護者の方から「○○ちゃんは、これが苦手だから、困っているときは協力してあげてね」と上手に伝えられるといいでしょう。面倒見のいいクラスメイトがいれば、その子にサポート役をお願いしてみるのもいいと思います。先生や親には言いづらくても、友だちになら助けを求めやすいという場面も出てくるかもしれません。

また、発達障害の子は、自分の感情に鈍感なところもありますから、その子が困っているように見えるとき、特性を理解して気づかってくれるような友だちがいると、とても心強いです。相性のよい協力者がうまく見つかれば、学校側もクラス替えのときなどに、配慮してくれると思います。

お母さんの体験談

Cさん

接し方のコツをリストに

わが家では、息子の特性を学校側に少しでも理解してもらえるように、息子への接し方のコツを１枚の用紙にまとめておきました（下図参照）。

新学期が始まるときや、担任の先生が変わったときには、これを担任の先生へ必ず渡すようにしています。

息子は特別支援教育総合センターにて通級指導教室への入級の判定が出ており、
月に○回、平日の午後に○○小学校にて少人数での指導を受けています。
クラス運営に支障が出るようでしたら、下記を参考にしてご指導頂ければと思います。

- ・黒板などに字で書くか、全体指示の前か後に個別に伝えてください。
  →言葉だけでの理解が難しいです。（視覚支援による理解が強いです）
- ・できるだけ具体的に話してください。（○時△分、○ページというように）
  →言葉を「そのまま」受け取り、融通が利かず、また意味を誤解してしまうことがあります。
- ・視覚的（文字や絵）なスケジュールがあると動けます。
  →見通しを立てることが難しく、待つことも苦手です。どの位待てばよいかがわかると安心・安定します。
- ・変更は前もって教えてください。（わかるものは、できれば前日までに）
  →見通しを立てることの難しさから、急な予定の変更は難しいです。
- ・肯定的な表現をお願いします。
  「～してはダメ」では“どうすればいいか”がわからず、違う問題を起こす可能性があります。
  ※「～しなさい」と“すべきこと”を合わせて伝えてください。
- ・注意を向けてからの指示をお願いします。
  →刺激に弱く、他のことに気を取られていると、聞こえていないことがあります。
- ・指示は一つずつお願いできればと思います。
  →複数のことを同時に行うのは難しいです。（縄とびのような、手と足を同時に使う運動も難しいです）
- ・終わりを明確にしてください。（授業、休み時間など）
  ※特に叱ったときは「終わり（次の行動に移る）」ことを示して頂けたらと思います。
- ・終わりの時間の前に予告してください。（例「あと５分で終わり」）
  →行っている作業を途中で終わらせて、次の行動へ移る切り替えが難しいです。
- ・めあて・よい行動を先に示しておくと、それに向けて努力します。
  →ルールを守ろうとする意識があります。
  ※褒められること・認められることが自信と意欲に繋がっているようです。
- ・発音がはっきりしていません（特に、た行・ら行）。敬語が咄嗟に出ません。
  また、言葉が間違っていたり、正しくても子どもらしくない言い回しもあります。
  →大人が使う言葉の意味をきちんと理解しないまま、その通り真似して使っていることもあります。
- ・同世代の子どもとのコミュニケーションは難しいところが多いと思います。
  →共通の話題や遊びがあれば上手くいくこともありますが、遊びのルールを変更したり、いつの間にか他の遊びに移っていると、ついていけないこともあります。
  ※子どもが上手くつきあえず悩んでいるときがありましたら、「無理をせず、１人で過ごしてもいい」というような表現をしてくださると、安定・安心し、余裕と意欲をもって行動できるかと思います。
- ・失敗することに弱いです。
  →何かに失敗したり、そのことを（軽い冗談でも）指摘されると、泣くことがあります。
  ※少し待って頂けると落ち着きます。そのときに励まして頂いたり、落ち着いたあとに「失敗したあとにすべき行動」を教えて頂けると助かります。
- ・友達にキツイ言い方をしたり、厳しい態度を取ることがあります。
  →自分の言動について相手がどう思うかを、咄嗟に理解し判断することが難しいです。
  ※通級で「あったか言葉・あったか行動」と呼ばれている、優しい言葉や行動を目当てにしております。

↑実際に使った、息子への接し方のコツをまとめたリスト

Cさん

子ども同士のトラブルは学校を通して対応

　他の保護者の方へ子どもの障害をどこまで伝えるかは、子どもが受けている支援、子どもの状況、周囲との関係、まわりの子の反応などを総合的に考えて判断するのがいいと思います。

　わが家の場合は息子が通級を併用したため、小学1年生の懇談会で「授業を抜ける」「通級に通っている」と事実のみを保護者の方にお知らせしました。2年生からは、同じクラスになることへのお願いと、クラスメイトへの感謝を伝えるようにしました。

　子ども同士のトラブルがあったときは、できるだけ学校を通して対応するようにしていました。まだ子どもなので、大人に正しく事実を把握して伝えることは難しいと思います。子どもの間に、公平な立場の第三者の方が入ることで、できるだけ冷静に、正しい事実を確認できます。そのためにも、先生との連携は大切だと思います。

　相手の保護者の方が一番知りたいのは、障害名よりも「親が子どもを理解して適切な対応をしているのか」だと思いますので、保護者の方には、具体的な子どもの特性や対応をお伝えすることが大事だと思います。

　担任の先生の考え方も様々ですので、保護者の方にお伝えする前に、伝え方を先生と相談しておくことも大事です。

　ちなみに、わが家では常時、菓子折を用意していました。「備えあれば憂いなし」との気持ちからです。実際にお渡しする機会がなくても、すぐ対応できるように準備することで、少しだけ気持ちに余裕をもてました。

↓他の保護者への説明例（支援を受けている事実のみを伝えるとき）

　○○の母です。うちの子は、毎週○曜日の午前中、○○小学校の通級指導教室に通っています。

　授業中に他の小学校で活動をすることになりますので、グループ活動などを1人だけお休みすることもあるかと思います。

　ご迷惑をおかけするかもしれませんが、家庭でフォローしていきたいと思います。

＊通級について質問があったときは、「1クラス○人の少人数で、コミュニケーション方法や社会性を、わかりやすく学んでいます」と説明しています。

障害を伝えるときは、その子の得意なことを強調して伝えて

知的能力の高い高機能自閉症やアスペルガー症候群の人たちの中には、大人になるまで自分が自閉症スペクトラムであることを知らずに過ごしてきた、という人も少なくありません。その方たちに話を聞くと、子どものころから自分がまわりと同じようにできないことに苦しんできた、ということをおっしゃっていました。

子どもに自身の障害について伝えるときに大切なのは、**得意なこと、能力の高いことのほうを強調して伝える**ことです。障害を知らせないにしても、**自分は何が得意で、何が苦手なのか**ということは、本人に伝えてあげたほうがいいと思います。

私が長年親しくつきあいをさせてもらっている、アスペルガー症候群の青年がいます。彼は小学校にあがる前に、父親から自分が発達障害であるということを知ら

されました。そのお父さんは「君は絵を描くのが好きだよね。形や絵があるものが得意で、図鑑が好きだよね。でも友だちとはあまり遊ばなかったでしょ。そういう子を自閉症っていうんだよ」と、決してその特性を否定することなく伝えました。また、「できることと、できないことに、凸凹があるのが自閉症なんだよ。できないことは無理にがんばろうとしてもダメだけど、できることはみんなよりもよくできるから、よく見ててごらん」というふうに励ましてあげたそうです。

その青年は今、視覚的な情報に強いという能力を生かして、アニメーターとして立派に活躍しています。本人は「僕にはこの仕事しかない」と言っています。そう思える仕事を見つけられたということは、とても幸せなことではないでしょうか。

自分の得意なところを本人が誇りに思って生きていけるようにするには、やはり親をはじめ、まわりでかかわる人たちが、その子のありのままを受け止め、いいところを認めてあげるような環境を作ることが大事なのだと思います。

お母さんたちの体験談

Cさん

特性については日ごろから伝えています

うちは特別、本人に話したことはありません。本人の気づきもないため、今のところは、診断名を直に伝える予定もありません。

けれども、あなたはここが得意で、あなたはここが苦手だね、ということは日ごろから伝えています。

今はまだ障害について具体的なことは教えていませんが、いずれ困ったときに、自分から相談できる場所などはきちんと教えていこうと思っています。

Dさん

自分以外にも困っている子がいると知って、安心したよう

うちの場合は、知らせたというよりも、知られてしまったという感じです。息子が幼稚園の年少のときに、置いてあった発達障害についての本を、「これなあに？」というふうに興味をもって見ていたので、「これは、あなたと仲良くするための本だよ」と話したんです。

そうしたら、「自閉症ってなあに？」と言ってきて、おねえちゃんが「○○（息子の名前）のことだよ」って。息子自身は、「あっ、そうなの」って答えていましたが、実際はあまりよくわかっていないようでした。

その後、１年生になって、関連した本を借りて読んだりするようになり、自分以外にもこういうつらい子がいるんだなというのがわかって、逆に安心したようでした。

自分のつらさだとか、苦手なところとかが、自閉症スペクトラムの子どもと同じなんだ、というのを少しずつ理解してきているようで、自分が発達障害であることを聞いてよかった、というふうに言っていました。

Aさん

社会に出て困らないように、きちんと知らせました

うちは、どちらの子にもきちんと話して知らせました。

上の子には、5歳ぐらいのときに話したのですが、知的な遅れもあるので、それほどわかっていなかったようにも思います。

上の子は、好きなことをなんでも覚えてしまう子なんです。DVDのセリフをすべて暗記して言えるとか、虫の名前を全部覚えてしまうとか。ほかにもいろんなことがあるのですけれど。だから、「すごいよね、これ全部覚えてるもんね」とほめながら、「そういうのを自閉症っていうんだよ。あなたは、自閉症っていう障害をもっているんだよ」と伝えました。

「自分ではなかなか越えられないどうしようもない部分、つらい部分もあるけど、ものすごい才能のあるところがあるんだよ」と、得意なことを少し説明してから、「でもお友だちと話すのは苦手だよね」というふうに、苦手なこともあわせて伝えました。

下の子のときも同じように、得意なところと、すごく苦手なところがバラバラなのが自閉症スペクトラムなんだ、ということを伝えました。「ちょっと大きくなってくると、障害をもっていることでバカにしてくる人もいるかもしれないけど、すばらしい才能をもっているんだから、胸張ってね」と言ったら、「えっ、そうなの？」という感じでした。

けれども最近、下の子が失敗したり、自分の立場がちょっとおかしくなったりすると、「僕が発達障害をもっているからダメなんだ」ということを口にするようになって困っています。こうなると、発達障害のことを本人に知らせるかどうかというのは少し迷うところです。

でも、社会に出たときに本人が困らないようにすることが大事だと思うんです。だから、自分にはほかの人と違って苦手なことがあるというのを知っておいたほうがいいと思って、うちではきちんと本人に知らせました。

子どもたちが育ちたいように育てる

子育てで一番大事なことは、**自分で自分のことを好きになれる子どもに育てる**ことに尽きると、私は思っています。そのためには、親が望んだようにその子を育てようとするのではなく、その子のありのままを受け止めてあげることが大切です。

言いかえれば、その子が望んだことを満たしてあげること、その子が育ちたいように育てるということだと思います。とくに、発達障害の子どもの場合、普通の子と同じようにできるようにしようとすると、いろいろなところで無理が生じます。

発達障害というのは残念ながら消えてなくなるというものではなく、しつけをすれば直るというものでもありません。ですから弱点ではなく、子どもの得意なところに注目して育ててあげてほしいと思います。

小さいときこそ、できないことのほうが目につきます。たとえば、子どもになにか一つでも苦手な教科があると、親は苦手教科を克服させようとします。けれども、みなさんご自身を振り返ってみても、子ども時代に苦手だった教科が、今の仕事や生活に影響しているでしょうか。していませんよね。

なんでも平均的にできるようにすることは、時間や労力の無駄だと思います。だから、多少できないことがあっても、大らかな気持ちで見守ってあげてください。弱いところ、ダメなところを修正することばかりに神経を使うと、劣等感ばかりが強くなってしまいます。

障害は消えてなくなりませんが、大人になればなるほど、一つか二ついいところがあれば、弱点は目立たなくなってしまうものです。

発達障害の子にとって苦手なことは、多少努力しても、さほどできるようにはなりません。ところが、得意なことは、努力すればとてもよくできるようになります。

大人になったときに、あなたはこれにつかまって生きていけばいい、と思えるような長所を育てることこそ大事にしていきたいものです。

言って後悔した言葉		親も子どもも心地いい言葉	補足
見ればわかるでしょ？ 見えないの？	➡	見て 見てください	見てほしいものを見てくれないとき。 見てほしいものを指で差し示す。
片付けなさい！	➡	○○は××に入れてね	遊んだあと片付けないとき。 何をどう片付けるのかを具体的に伝える。 たとえば、「色鉛筆はケースに入れてね」など。 必要であれば、一緒に片付ける。
しつこい！	➡	宿泊学習は○月○日だよ その前に××があるよ 楽しみだね	楽しみにしていることをずっと言い続けるとき。 いつになったらできるのかを具体的に伝える。 日にちがまだ先で、子どもがイライラしてしまう場合は、興味のある物事に気を向けるように誘う。
それぐらい1人でできるでしょう？	➡	お母さんがドアの前で待っているからね	立ち止まったままで、トイレへ行こうとしないとき。 声を掛けて一緒に移動する。
こんなこともわからないの？	➡	（わかりやすく嚙み砕いて説明する）	簡単にできそうなことができないとき。 言い方を嚙み砕いてわかりやすく伝える。 できたらたくさんほめる。
やめなさい！	➡	（自分が手伝えるとき） 一緒にやろう （兄弟が手伝えるとき） ○○が帰ってきたら一緒にやろう （手伝えないとき） ○○しようか	ゲームが上手にできなくて何度も怒っているとき。 手伝えないときは、好きなビデオやお絵描きなど、ゲーム以外の興味のあることに誘う。
八つ当たりしないで！	➡	何か嫌なことがあったの？ どうしたのかな？ 深呼吸しようね	子どもが不機嫌になり、たたいてくるとき。 一緒に深呼吸する。

お母さん談：

基本的に「ダメ」などの否定的な物言いは避けて、肯定的で具体的な、わかりやすい指示になるように、頭の中で変換して言っています。

はじめのころは、この変換に時間がかかり、サッと言えなかったのですが、慣れると変換スピードが速くなり、サラッと言えるようになりました。

付録 「また言ってしまった！」を予防する言葉がけ変換表

「言ってはいけない」とわかりつつも、つい言ってしまい、イライラを子どもにぶつけてしまっている日々。

どのように言いかえれば、親も子どもも心地よくコミュニケーションがとれるのか。また、どうすれば冷静さを保って言葉をかけられるのか――。

言ってしまってから後悔しない、親子関係を円滑にする言葉がけ変換表です。

言って後悔した言葉		親も子どもも心地いい言葉	補足
いい加減にして！	➡	はい、それはおしまい こっちやろうか～	ある行動を止めようとしないとき。 別のことへ誘導する。
		もう終わりかな？ ごちそうさましようね	食べもので遊ぶとき。 言葉がけしながら、食べものをサッと片付ける。
何度も何度も言ったでしょ？ 何度言ったらわかるの！？ なんでわからないの？	➡	○○するよ	何度言っても行動が直らないとき。 「親の伝え方に問題があるから、子どもが理解できていないのかもしれない」ことを心に留めて、伝え方を工夫し、繰り返し伝える。 何度も伝えるのが当たり前だと思い返す。 できたらたくさんほめる。
何やってんの！	➡	○○しようね ○○します	間違った行動をしていたとき。 走ってはいけないところを走っていたら、手で止めて、正しい行動を具体的に「歩こうね」と伝える。
早く！ 早くして！	➡	○時までに（○分間で） 終わらせよう	グズグズ・モタモタしているとき。 早く済ませられるように、行動を一つずつ指示したり、少し手伝ったりする。 できたらたくさんほめる。
		（好きな授業名）、 楽しみだね	朝の支度が遅いとき。 子どもが楽しいと思えることを話題にあげて、関心をひく。
		○時に出るよ	支度が遅いとき。 時計の時刻を指差す。

【著者略歴】

佐々木 正美（ささき・まさみ）

児童精神科医
1935年生まれ。1966年新潟大学医学部卒業後、東京大学で精神医学を学ぶ。

ブリティッシュ・コロンビア大学児童精神科に留学。帰国後、国立秩父学園、小児療育相談センター所長を歴任。この間、東京大学精神科、東京女子医科大学小児科などで講師を務める。現在、川崎医療福祉大学特任教授、ノースカロライナ大学非常勤教授、横浜市リハビリテーション事業団参与。

（主な受賞歴）ノースカロライナ大学業績賞、横浜YMCA「奉仕の書」、糸賀一雄記念賞、保健文化賞、朝日社会福祉賞、日本LD 学会功労賞、エリック・ショプラー生涯業績賞、TEACCH生涯業績賞ほか。

40年以上にわたって保育園、幼稚園、児童養護施設等で親や職員の相談、勉強会に携わり、子どもたちの現場を最もよく知る精神科医として親や関係者たちから信頼されている。

著書に『子どもへのまなざし』『続　子どもへのまなざし』『完　子どもへのまなざし』（福音館書店）、『育てにくい子と感じたときに読む本』（主婦の友社）など多数。


公式サイト「ぶどうの木」http://www.budo-noki.jp/

● 編集協力 ………………… 島村 枝里
● 取材協力 ………………… 横浜市東部地域療育センター　心理
安倍 陽子
神戸 由嘉、杉山 恵美子、増村 美穂、宮崎 揚子
● 装幀・本文デザイン…… スタジオトラミーケ ＋ 秋葉 敦子
● イラスト ………………… 碇 優子

発達障害の子に「ちゃんと伝わる」言葉がけ

2015年1月25日　第1刷発行
2022年9月17日　第13刷発行

著　者 ―― 佐々木 正美

発行者 ―― 徳留 慶太郎

発行所 ―― 株式会社すばる舎

〒170-0013　東京都豊島区東池袋3-9-7 東池袋織本ビル
TEL　03-3981-8651 (代表)
　　　03-3981-0767 (営業部直通)
FAX　03-3981-8638
URL　http://www.subarusya.jp/
振替　00140-7-116563

印　刷 ―― 中央精版印刷株式会社

落丁・乱丁本はお取り替えいたします

ISBN978-4-7991-0375-3